AF253111

CH. DE MAZADE

LE

COMTE DE SERRE

LA POLITIQUE MODÉRÉE

SOUS LA RESTAURATION

PARIS

E. PLON et Cᵢₑ, IMPRIMEURS-ÉDITEURS

10, RUE GARANCIÈRE

1879

LE

COMTE DE SERRE

OUVRAGES DU MÊME AUTEUR :

La Guerre de France (1870-1871). Deux volumes in-8º cavalier, accompagnés d'une carte figurative de l'invasion allemande en France. Prix : 16 fr.

Quelques exemplaires sur papier de Hollande. Prix : 32 fr.

Le comte de Cavour. Un volume in-8ª. Prix : 7 fr. 50.

Portraits d'histoire morale et politique du temps. Victor Jacquemont, M. Guizot, M. de Montalembert, le P. Lacordaire, le P. Gratry, M. Michelet, Madame de Gasparin, Madame Swetchine, M. Taine, Alfred Tonnellé. Un volume in-18 : 3 fr. 50.

PARIS. — TYPOGRAPHIE DE E. PLON ET Cⁱᵉ, RUE GARANCIÈRE, 8.

CH. DE MAZADE

LE
COMTE DE SERRE

LA POLITIQUE MODÉRÉE
SOUS LA RESTAURATION

PARIS

E. PLON et Cie, IMPRIMEURS-ÉDITEURS

RUE GARANCIÈRE, 10

1879

Tous droits réservés

PRÉFACE

L'histoire n'est pas faite pour dégoûter du
temps où l'on vit par l'opposition accablante
d'un passé plus heureux à un présent attristé, et
ce n'est pas de ce sentiment stérile qu'est née
cette étude. L'histoire est faite pour éclairer,
pour fortifier par le spectacle d'autres époques
où se sont agités des problèmes qui nous poursuivent sans cesse, qui ne sont pas encore résolus. Souvent des épreuves que nous croyons
nouvelles ne le sont pas réellement, ou elles ne
sont nouvelles que par les circonstances, par
les conditions et les proportions différentes dans
lesquelles elles se reproduisent; elles ont remué
d'autres générations avant nous, et c'est là, je
ne le cache pas, ce qui m'a attiré vers un épi-

*

sode et un homme d'un temps qui n'est plus. Le temps et l'homme offrent un intérêt que les événements n'ont point affaibli.

Cette période de notre histoire qui s'est appelée la Restauration est certainement une des plus brillantes dans un siècle qui a tant vu de révolutions, d'expériences, de retours de fortune et de mécomptes.

L'Empire est rempli par la guerre; c'est l'époque du silence de l'esprit, des institutions concentrées dans un conquérant, de la discipline soldatesque et administrative : école prodigieuse, mais dure pour la France, réduite à expier sa gloire et son asservissement par des revers qui alors semblaient ne pouvoir être jamais dépassés! L'Empire garde sa physionomie d'airain. La Restauration est comme l'épanouissement d'une séve renaissante après les compressions et les catastrophes militaires. Elle a tout l'éclat d'un essor nouveau des idées et des talents, la séduction des arts, de l'étude, de l'éloquence, des ardeurs généreuses, des luttes noblement passionnées. Mais ce qui fait surtout l'intérêt sérieux en même temps que l'attrayante originalité de la Restauration, c'est que cette période de quinze ans est le sincère et émouvant apprentissage des mœurs libres et parlementaires. La Restauration est une des plus nobles tentatives pour réconcilier la société sortie de la Révolution et la vieille société française par des institutions équitables, pour appuyer la liberté moderne à la monarchie traditionnelle, en donnant à la monarchie elle-même la force des idées et des intérêts nouveaux rassurés, — pour fixer enfin par un traité de paix intérieure les destinées de la France.

Si cette entreprise n'était qu'une illusion, elle était faite du moins pour tenter des esprits généreux. Elle reste l'honneur de l'histoire, et même en échouant elle a laissé l'héritage des idées qu'elle a popularisées, des lumières qu'elle a répandues, de tout ce qu'elle a fait pour la bonne renommée et l'éducation libérale de la France. Si elle a échoué d'ailleurs, si elle n'a été qu'une illusion, ce n'est pas la faute de ceux qui dès ce moment, entre des opinions extrêmes toujours acharnées à tout perdre, ont entrevu le caractère, les conditions essentielles de la seule politique possible, juste et efficace, la politique modérée. Ces hommes ont existé, et parmi eux le comte de Serre est un des premiers, sinon le premier par l'éloquence, par l'élévation du cœur, par le courage de l'esprit, par tous les dons d'une nature séduisante et virile. De Serre est le vrai héros de cette politique de modération clairvoyante qui est apparue dans la période légendaire du libéralisme renaissant, à l'aide de laquelle la Restauration aurait pu se fixer, et qui pour avoir essuyé des défaites ne reste pas moins instructive. Voilà ce que j'appelle l'intérêt survivant de l'époque et de l'homme !

La politique modérée, en effet, peut se modifier avec les circonstances ; elle s'est transformée pays. Il a fait lui aussi et avec obstination de la politique modérée lorsqu'il n'a cessé de répéter : « La République sera conservatrice, ou elle ne sera pas… L'avenir sera aux plus sages .» Qu'on y réfléchisse bien : les circonstances ne se ressemblent pas, à coup sûr; les hommes sont différents, la politique qu'ils suivent procède de la même inspiration, de la même pensée de conservation libérale sans laquelle il n'y a point de régime durable.

C'est un thème usé, dira-t-on, c'est une vieille histoire. Qu'est-ce que la politique modérée? Elle n'est qu'une honnête illusion ou un expédient d'impuissance. Elle ne répond à rien, elle n'a jamais rien sauvé ni rien empêché. Elle n'a jamais réussi, elle n'a pas même un parti! Que la politique modérée ait eu ses défaites, qu'elle n'ait pas toujours réussi à détourner les crises violentes préparées par les passions contraires et à préserver les gouvernements, c'est possible; mais enfin, — c'est le premier comme le dernier mot de cette étude, — si l'on n'en juge que par l'événement, est-ce que les partis extrêmes et exclusifs ont eu par hasard de si brillants succès? Est-ce qu'avec leurs systèmes et leurs passions ils ont réussi à faire vivre ou même à préserver des chutes honteuses un régime quelconque, monarchie ou république? Est-ce que leurs victoires n'ont pas été le plus souvent le commencement de la fin pour les gouvernements qu'ils prétendaient posséder à eux seuls et conduire? Est-ce que, en un mot, l'histoire n'est pas toute pleine de leurs folies et de leurs mécomptes?

Ni les royalistes exclusifs ni les républicains exclusifs n'ont réussi, et leurs défaites ont été l'expiation de leurs fautes. La politique modérée a été vaincue, elle aussi; elle a eu ses mécomptes, c'est vrai. Elle a eu du moins la fortune de donner à notre pays quelques-unes des périodes les plus heureuses; elle a laissé dans la vie de la France la trace durable de ses créations et de son règne.

plus d'une fois depuis que la France a repris sa marche ou sa course à travers les expériences. Elle est de tous les temps, de toutes les situations, de tous les régimes, et, à vrai dire, dans notre siècle, à des intervalles inégaux, elle a été surtout représentée par trois hommes qui sont bien différents d'origine, de caractère, de génie, mais qui portent dans les affaires publiques la même pensée : ces trois hommes sont M. de Serre, M. Casimir Périer et M. Thiers. Le rapprochement ne semblera forcé que si l'on s'arrête à la surface des choses, au nom et à la forme des régimes.

M. de Serre, attaché à la Restauration, veut la fixer dans les conditions d'une politique possible; il veut rajeunir, assurer la monarchie par l'esprit libéral, par l'alliance de toutes les forces modératrices, combattant à la fois ceux qui rêvent des résurrections d'ancien régime et ceux qui conspirent, qui essayent de renouer les traditions révolutionnaires. C'est l'essence de ses

opinions et le secret de sa conduite à travers
des oscillations qu'expliquent les incidents du
moment. M. Casimir Périer, le chef d'opposition
de la veille, porté brusquement au pouvoir par
une révolution, se dresse aussitôt contre l'anarchie menaçante; il met l'intrépidité de son âme
et de son esprit à raffermir la société ébranlée,
à la replacer dans son équilibre; mais il accom-
plit son œuvre préservatrice sans réaction, sans
infidélité aux intérêts libéraux, toujours par
l'alliance des instincts modérateurs. M. Thiers
a son tour dans des conditions bien aggravées,
M. Thiers, porté par le plus effroyable orage à
une position plus haute que celle de tous les
autres, n'a qu'une préoccupation : ressaisir
d'abord la France livrée à l'ennemi extérieur et
à la sédition incendiaire, accepter ce qui est
possible, défendre ce qui reste de paix intérieure
contre tous les partis, adapter la République,
devenue un régime de nécessité et de raison, aux
mœurs, aux traditions comme aux intérêts du

La Restauration a vécu de l'inspiration de M. de Serre et de ses amis les Richelieu, les Pasquier, les Decazes, les Gouvion-Saint-Cyr, les Royer-Collard, de ce qui avait été fait par la politique modérée, et le jour où le régime a par trop dévié, tout s'est préparé pour le dénoûment. La monarchie de 1830 a vécu de la vigoureuse impulsion donnée par Casimir Périer, et le jour où cette séve première a paru s'épuiser ou cesser de se renouveler, le régime de juillet a été à la merci d'une surprise. Tout ce qui existe encore aujourd'hui, on peut l'assurer, vit des inspirations de M. Thiers, de ce qu'a fait cet homme illustre pour rendre la République possible. — *Cæterum desideratur!*

Le chapitre des expériences reste ouvert. On aura beau se faire illusion, se flatter d'avoir l'avenir parce qu'on a le présent et croire qu'on pourrait désormais impunément s'affranchir de ces programmes de modération tracés d'une main si sûre par M. Thiers : on ne trompera pas la logique qui gouverne les affaires humaines. Demain comme hier le mot restera vrai : « L'avenir sera aux sages », et il ne sera qu'aux sages. C'est tout le secret ; il est dans l'histoire qui enregistre les chutes et les succès.

L'erreur commune est de croire que cette politique modérée qui a été si souvent essayée, par laquelle des gouvernements honorables auraient pu vivre, n'est qu'une tactique, un expédient d'esprits habiles et ambitieux de pouvoir, une sorte de système de neutralité évasive entre les partis. Si elle n'était qu'une intrigue, comme le disent dans tous les temps les esprits forts de tous les camps extrêmes, elle n'aurait pas joué toujours et elle ne serait pas destinée sans doute à jouer encore un si grand rôle. Elle a une origine et un caractère plus nobles ; elle est l'expression de nécessités plus profondes. Elle répond à cet instinct universel qui, après les grandes révolutions, appelle l'équité tolérante, les transactions possibles, la conciliation libérale de tous les intérêts fatigués de se heurter; elle naît de ce mouvement qui à l'issue des guerres civiles d'un autre siècle suscitait les *politiques,* ces représentants d'abord obscurs et combattus, bientôt victorieux, de la raison française. Les *politiques,* ce sont les modérés, dans la république comme dans la monarchie.

L'éloquence de M. de Serre est un des chaînons d'or de cette tradition de la politique modérée, et voilà pourquoi ce ministre de 1820 passionné pour sa cause, vaincu par les déceptions, victorieux par ses œuvres, — ne fût-ce que par ses lois de 1819, — est encore un témoin utile à consulter, même après un demi-siècle qui a vu passer quatre ou cinq révolutions de plus!

2 janvier 1879.

LE
COMTE DE SERRE

LES PREMIÈRES ÉPREUVES D'UN HOMME D'ÉTAT

I

Depuis que la France est née dans l'aube éblouissante et sitôt assombrie de 1789, elle a vu et revu six ou sept régimes différents, sans compter les pseudo-régimes, les interrègnes, les gouvernements sans nom et sans durée. Son histoire est coupée en périodes presque égales, formant autant de drames successifs qui s'enchaînent ou recommencent, et à travers lesquels se déroule une destinée nationale au terme encore inconnu. On dirait des Frances diverses qui se heurtent parfois, et c'est toujours pourtant la même France dans ces drames qui s'appellent tour à tour la république, l'empire, la monarchie renaissante de 1815, la monarchie élue de 1830. S'il est une de ces périodes brillante entre toutes, ennoblie par les illusions et par les talents, c'est la Restauration, et si dans ces quinze ans il est un homme fait pour représenter avec sa vive et forte originalité ce que la Restauration a eu de meilleur, c'est le comte de Serre. Il y a un moment où l'homme et l'époque semblent se confondre, s'identifier dans une de ces crises qui décident de la fortune d'une monarchie par la fortune d'une politique.

La Restauration a mal fini par sa faute. Depuis qu'elle n'est plus, elle s'est relevée moralement, elle a grandi dans la mémoire des hommes par la faute des régimes qui lui ont succédé, qui ont cru faire mieux qu'elle et qui n'ont pas duré plus qu'elle. Maintenant que les passions sont refroidies et que la scène a changé si souvent, ces quinze années, qui sont une partie de la jeunesse du siècle, retrouvent à la lumière de l'histoire un indéfinissable attrait. Elles ont l'intérêt d'une époque où s'est agité, dans des conditions qu'on croyait favorables, un problème qui a été repris bien des fois, qui n'est point encore résolu, le problème de la liberté réglée par les institutions parlementaires.

Avant d'être la victime des fatalités qui l'ont perdue, la Restauration a eu pour elle d'apparaître à l'origine comme la réconciliation possible de la vieille société et de la société nouvelle dans la France éprouvée et pacifiée. Elle a été, au lendemain des orages guerriers et des compressions de l'Empire, une sorte de renaissance imprévue par l'éclat de l'esprit et la séve libérale, par la séduction et l'honneur des luttes publiques. Un jour, après bien des années et une révolution nouvelle, Tocqueville écrivait à Royer-Collard prenant sa retraite : « Vous représentez un autre temps que le nôtre, des sentiments plus hauts, une société, des idées plus grandes... C'est par l'époque de la Restauration que vous marquerez. L'idée simple qui restera de vous est celle de l'homme qui a le plus sincèrement et le plus énergiquement voulu rapprocher l'un de l'autre et retenir ensemble le principe de la liberté moderne et celui de l'hérédité antique. La Restauration n'est autre chose que l'histoire de cette entreprise. Quand toutes les idées secondaires auront disparu, celle-là seule restera [1]. » C'est en quelques mots l'histoire de la Restauration, et, dans cette « entreprise, » si Royer-Collard est le philosophe, l'intelligence contemplative et critique, le comte de Serre est comme le héros de la fusion idéale de l'« hérédité antique » et de la « liberté moderne ».

Premier magistrat d'une cour de province, député dès 1815, président de la Chambre en 1817, garde des sceaux en 1818, âme des conseils sous le général Dessoles, comme sous M. Decazes, comme sous le duc de Richelieu, athlète grandissant au feu des luttes de tribune, de Serre porte dans toutes les situations la même pensée, tantôt près d'être victorieuse, tantôt vaincue. Pendant quelques années, six ans tout au plus, il remplit la scène, combattant tour à tour pour la liberté menacée ou pour la royauté en péril, dominant les partis de sa sincérité passionnée, impatient d'action comme s'il sentait les jours lui échapper. Il ressemble à une de ces apparitions émouvantes qui ne font que passer, et dans la brièveté pathétique de sa vie il résume les efforts, les crises, les fatalités, les mécomptes de

____

[1] Lettre d'octobre 1842. — *Nouvelle Correspondance inédite* d'Alexis de Tocqueville, 1 vol. in-8.

cette politique de modération constitutionnelle qui aurait pu faire durer la monarchie de 1815, dont la défaite a été le commencement et le présage de toutes les chutes.

Ce que de Serre a été dans son rôle public aux heures décisives de ses années laborieuses, les historiens de la Restauration, M. de Viel-Castel, M. Duvergier de Hauranne, Lamartine, l'ont raconté. M. Guizot l'a dit aussi dans ses *Mémoires* avec la fidélité des souvenirs personnels. Royer-Collard, dans ses conversations, laissait parfois échapper des traits saisissants sur celui dont il avait été tour à tour l'ami passionné et l'adversaire attristé. Pour tous, il est resté le premier des parlementaires de son temps, une des plus puissantes expressions de l'éloquence dans le drame des affaires humaines. La *Correspondance,* recueillie aujourd'hui après un demi-siècle par une piété filiale et composée de lettres de toutes sortes échangées par de Serre avec M. Decazes, le duc de Richelieu, M. Pasquier, Royer-Collard, M. de Barante, le duc de Broglie, avec les amis de sa jeunesse ou de sa maturité comme avec sa famille, cette *Correspondance* ne renouvelle pas l'histoire sans doute, elle ne crée pas un personnage nouveau; elle éclaire et complète l'histoire par ses révélations sur le jeu des événements et des caractères, sur les négociations, les rapports et les conflits secrets des acteurs de la politique. Elle est comme une évocation familière de ce monde de 1820, et ce qui en fait surtout l'attrait, c'est qu'au sein de ce monde revit le plus intéressant des hommes avec son intégrité morale, son esprit de « haut vol », selon le mot de Sainte-Beuve, et cette âme courageuse, palpitante d'une émotion continue, qui s'est si rapidement dévorée. C'est en effet l'homme tout entier peint par lui-même dans sa vérité et son intimité au courant d'une carrière qui va de l'autre siècle à 1824, qui se dégage de la Révolution et de l'Empire pour arriver à l'éclat suprême par le régime constitutionnel.

II

Au moment où la Restauration offrait à la France vaincue le dédommagement d'une monarchie libérale et, après les luttes militaires, rouvrait aux activités déçues ou inoccupées les luttes de la politique, celui qui allait être un guide de l'opinion et bientôt le brillant ministre de la royauté nouvelle n'avait pas encore quarante ans. Il tenait à la monarchie par les traditions de famille et à l'empire par les magistratures qu'il venait d'occuper. François-Hercule de Serre était né en 1776 à Pagny sur la Moselle. Sans être d'une aristocratie de cour, il était d'une bonne race transplantée autrefois du Contat en Lorraine et attachée héréditairement aux fonctions d'État jusqu'à la mort du dernier duc, le roi Stanislas. Son père était officier de cavalerie au service de France. Sa mère, à qui il est resté toujours si tendrement lié, était une Maud'huy, autre famille lorraine. Il était Lorrain, avec la flamme survivante du Midi dans le sang.

Élevé à Metz sous un maître habile, porté par son goût vers les études classiques, mais destiné par son père au métier des armes et bientôt admis à l'école d'artillerie de Pont-à-Mousson, il n'était encore qu'un adolescent lorsque la Révolution le jetait tout à coup dans l'émigration. Amis et ennemis, les uns pour lui en faire honneur, les autres pour lui en faire un crime, ont souvent depuis rappelé à de Serre ce passé d'émigré et d'ancien officier de l'armée de Condé. C'était en effet son début, un étrange début dans la vie sérieuse. Parti dès

1791 pour Coblentz, le rendez-vous de l'armée des princes, il s'était trouvé engagé à quinze ans dans cette carrière aventureuse de l'émigration que Chateaubriand a décrite. Il avait servi successivement dans les gardes du comte d'Artois, dans le régiment de Vioménil, dans les chasseurs de Condé, dans la légion de Mirabeau. Il avait été en 1796 de cette terrible affaire d'Oberkamlach, de cet héroïque duel entre gentilshommes et républicains, qui arrachait au duc d'Enghien ce cri du soldat : « Ce ne sont plus (les républicains) nos hommes de 1793, ce sont des dieux. Comme ils se battent! Je ne sais plus à qui donner la pomme pour la valeur, de nos troupes ou des leurs. » Chose curieuse! dans ce même combat, dans cette cruelle mêlée de Français, se trouvaient en présence, bien inconnus encore, deux hommes faits pour s'estimer, le capitaine d'artillerie Foy et le jeune de Serre, qui devaient se rencontrer vingt-cinq ans plus tard dans des luttes moins tristes [1].

La vérité est que dans cette vie d'émigration, où il

[1] Un jour, en 1820, le général Foy laissait échapper en pleine Chambre, au sujet des émigrés, des paroles assez vives, qui étaient immédiatement relevées par M. de Corday, et qui amenaient un duel. Le lendemain, après le combat, Foy, avec sa loyauté chevaleresque, s'efforçait d'atténuer le caractère

s'était trouvé jeté pour bien des années, presque sans le savoir, moins par un entraînement personnel que par un point d'honneur royaliste de son père, de Serre était resté un jeune homme à la gravité précoce, à la nature droite et simple, à l'esprit réfléchi. Au milieu de la brillante licence des bivacs d'émigrés, il avait le goût de l'étude, et, dans un temps où le général républicain Abbatucci, à la veille de l'assaut du pont d'Huningue, quelques heures avant d'être emporté par un boulet, lisait sous sa tente à ses officiers l'*Énéide* de Virgile, le jeune de Serre, dans l'autre camp, ne se séparait pas de ses livres; il avait dans son bagage de soldat son Horace et même son Montesquieu. Il utilisait l'exil en ouvrant son intelligence à des choses nouvelles, en étudiant la langue et la littérature de l'Allemagne, en fortifiant son esprit par la méditation et la lecture. Il s'instruisait dans sa vie errante, sans oublier son pays, sa famille, sa mère, avec qui il n'avait que des communications rares et incertaines,

de ses paroles, et il ajoutait : « La vivacité de mes expressions ne prouve-t-elle pas suffisamment qu'on ne pouvait pas, qu'on ne devait pas les appliquer à une classe nombreuse de citoyens qui ont beaucoup et longtemps souffert, à des hommes que j'ai combattus corps à corps, par conséquent avec estime, à Oberkamlach et dans vingt autres rencontres?... »

qu'il tenait néanmoins autant que possible au courant de ce qu'il faisait, de ses inspirations et de ses épreuves. « J'ai eu bien souvent besoin de patience et de courage, lui écrivait-il. Je suis venu à bout de me soutenir jusqu'à ce moment; j'espère que je parviendrai aussi à surmonter les difficultés qui me restent encore à vaincre... »

De l'émigration, Hercule de Serre n'avait connu d'abord que la vie de soldat, d'un jeune soldat studieux et pensif, Vauvenargues de vingt ans égaré sous le drapeau d'une cause désespérée. Après la dispersion des corps d'émigrés, il était resté livré à lui-même et à la merci des événements, obligé quelquefois de fuir les contrées menacées par la guerre, voyageant souvent à pied à travers l'Allemagne, incertain du lendemain et cherchant un moyen de se fixer ou de s'occuper. Tantôt il voulait entrer dans une maison de commerce et demander à un modeste emploi de quoi se suffire; tantôt il se sentait attiré vers les villes d'universités, où en enseignant le français il espérait gagner assez pour se soutenir, pour suivre les cours des professeurs renommés et s'initier à la science allemande. Il s'essayait à tout, disant avec un certain sentiment sérieux : « Je ne bâtis dans ce pays-ci que pour m'essayer, et, quoique ce ne soient que des châteaux de cartes, aussitôt écroulés qu'élevés, je ne regarde pas mon temps comme perdu. Le dessinateur gâte mille feuilles de papier, trace des millions de traits inutiles avant d'arriver à un trait pur et hardi. Si la Providence me destine à quelque chose, je reconnais que mes épreuves et mes peines peuvent servir à ses vues... » Il se comparait lui-même dans ses efforts contrariés à « l'oiseau qui oublie qu'on lui a coupé les ailes et tâche de voler ».

Le jeune émigré avait fini par s'abattre dans un petit village de la Souabe, à Reutlingen, où il s'était fait maître d'école. Il décrivait fidèlement à sa mère les mœurs des habitants de Reutlingen, les occupations de ses journées, l'intérieur des braves confiseurs dont il était l'hôte et presque l'enfant : « La vie est peu chère ici, disait-il, et pour un louis par mois je serai logé et nourri. D'ailleurs, ils m'ont promis de me trouver de l'occupation soit en donnant des leçons, soit autrement. Dans cette petite ville où tous sont égaux, le travail est un honneur, quiconque est utile est aussi estimé. J'aime beaucoup les mœurs de ces gens-ci : simples, droits, sans façon. Sans doute je ne pourrai jamais gagner grand'chose ; mais vous savez que l'argent n'est pas ce qui peut me donner du contentement, au moins l'argent que j'emploierais pour moi... Quand même je le ferais pour rien, je croirais y gagner, et j'y gagnerais au moins la conviction d'être utile; car vous me connaissez trop, chère maman, pour croire que, dans ma façon de voir, l'argent puisse payer les soins qu'on prend pour former des hommes! Ce mot seul éveille en moi la crainte, le sentiment de ma faiblesse et les grandes idées de la besogne à laquelle je porte une main peut-être profane... » Ainsi pensait un jeune émigré perdu dans un village de la vieille Allemagne, donnant des leçons à l'aubergiste de Reutlingen avant de monter sur la scène publique!

Au fond, ce n'était point un véritable émigré d'opinions et de sentiments. Cette révolution même qu'il était allé combattre en jeune homme obscur, il ne la désavouait que dans les excès et les crimes, il en subissait secrètement la fascination puissante. Dans sa précoce passion d'éloquence, il s'était senti remué par les accents d'un Mirabeau, d'un Cazalès. Plus âgé, il eût été dans l'Assemblée constituante parmi les royalistes fidèles, mais libéraux. Quand il parlait, dans ses lettres, des armées, des généraux républicains, il disait naïvement : « Nos armées, nos généraux ! » Ce n'est pas sans orgueil qu'il laissait échapper des mots comme ceux-ci : « Les Français remplissent le monde de leur nom. » Il était resté sans amertume contre la cause victorieuse, sans illusions sur la cause vaincue qu'il avait servie. A mesure que les années s'écoulaient, il n'était plus qu'un jeune exilé souffrant d'une si longue absence, dévoré du désir de revoir sa famille, de rentrer dans son pays ; il avait la nostalgie de la France, sans s'inquiéter de la République, et, au commencement de 1797, n'écoutant que son impatience, bravant les lois sur l'émigration, traversant l'Alsace et la Lorraine , il arrivait subitement, secrètement au village de Pagny. Il se retrouvait, ivre de joie, au foyer de famille, dans la vieille maison paternelle.

C'était pour lui un moment unique, dont il avait gardé un souvenir profond. Lorsque, vingt ans plus tard, étant déjà président de la Chambre des députés, il parcourait de nouveau le pays et revoyait Pagny, la maison de famille qui avait été vendue depuis, son père nourricier Gilbert et ses enfants, il écrivait à sa mère : « En allant à Pont-à-Mousson, les eaux étant fort basses, je passai le gué à l'Aloppe et j'allai à Pagny, où l'on fut fort étonné

de me voir, étonné et troublé; je l'étais aussi moi-
même, l'âme pressée par tant de souvenirs si contraires qu'elle ne pouvait les recevoir tous à la fois...
Je remis aux enfants de Gilbert deux pièces de quarante francs, je les embrassai tous, et pensif, at-
tendri, les yeux humides, ma voiture m'enleva
sur cette route de Moulon où nous avons fait tant
de promenades, à droite du fameux clos. Je fran-
chis le fossé où j'arrêtai mon cheval en vous rencontrant au retour de ma première émigration. J'avais
revu le cimetière où reposent mes grands parents,
la maison où je suis né, le jardin où j'ai passé six
mois de félicité (*après l'émigration*) comme le
ciel avare en accorde si peu. Tout cela maintenant
divisé, dégradé, passé en des mains étrangères. Je
pensais à tout ce que là vous aviez senti, souffert,
mérité, et j'arrivai ainsi, sans mot dire, à Pont-à-
Mousson... »

Ce moment de 1797, ce retour furtif que de Serre
consacrait ainsi après vingt ans par une commémo-
ration émue, n'avait eu en effet qu'une courte durée,
les « six mois de félicité » dont il parlait. Le 18 fructidor l'avait contraint à reprendre le chemin de
l'exil, à subir une seconde expatriation forcée qui
lui avait semblé plus dure que la première. Ce

n'est qu'avec le consulat qu'il avait pu rentrer dans son pays, et cette fois définitivement, heureux de retrouver une France transformée, réconciliée et illustrée, prêt à s'ouvrir une carrière nouvelle dans l'ordre renaissant. C'est peut-être, dans ces préliminaires de la vie d'un homme public, la partie la moins connue ou, si l'on veut, celle dont on a toujours le moins parlé sous la Restauration. En réalité, si celui qui était appelé à devenir le ministre de Louis XVIII avait commencé par l'émigration, il avait été aussi un magistrat de l'Empire, et il l'était devenu sans effort, avec bien d'autres émigrés à qui Napoléon rendait l'illusion de la monarchie.

III

Rentré en France dès 1800, se retrouvant avec une fortune paternelle diminuée par les malheurs de la Révolution, instruit et plein de feu, Hercule de Serre avait senti aussitôt le besoin de se créer par le travail une position honorable et fructueuse. Il avait choisi le barreau, et avait été ce qu'on appelait alors un « défenseur officieux »; avant de venir chercher à Paris un diplôme régulier d'avocat. Il s'était senti ramené à cette carrière par des traditions de famille parlementaire; il y était préparé par un don naturel de la parole, une vive et forte intelligence, une sérieuse éducation littéraire et les habitudes d'un esprit formé à la lecture de Montesquieu, développé par la philosophie allemande.

A peine engagé dans cette voie, il s'était mis passionnément au travail, menant de front la pratique des affaires et l'étude de la jurisprudence, du droit romain, du droit coutumier, habile à débrouiller le chaos de lois anciennes et nouvelles d'où sortait le Code civil. « Il étudiait nuit et jour, dit un de ses biographes, M. Salmon; il était à l'œuvre avant que les artisans fussent à leurs ateliers. La lampe qui éclairait, en hiver, la petite chambre d'un troisième étage où il s'était établi, donnait le signal du travail aux ouvriers du quartier[1]. » Il ne faisait rien à demi, et dans ce barreau de Metz, où il avait pour émule M. Mangin, qu'il devait appeler plus tard comme directeur des affaires civiles à la chancellerie, il était devenu rapidement un des premiers avocats, respecté des magistrats pour la sûreté de

[1] *Étude sur M. le comte de Serre*, par M. Salmon, membre de l'Académie de Metz.

son jugement, popularisé par l'éclat de l'éloquence dans des débats retentissants. Hercule de Serre n'avait que le choix des clients et des causes. Il dirigeait particulièrement en ami autant qu'en conseiller les vastes affaires de **M.** de Wendel, ancien émigré comme lui, rentré comme lui et occupé à relever les forges d'Hayange, à fonder une grande industrie. Il aimait son état, et pendant un de ses premiers voyages à Paris, en racontant à sa mère ses courses, ses visites, son séjour dans la grande ville, il ajoutait : « J'en profiterai surtout pour entendre quelques grands maîtres du barreau, où je n'ai pu encore aller que deux fois. Aujourd'hui j'ai écouté pendant près de quatre heures le célèbre Delamalle dans une cause de divorce intéressante par la qualité des personnes. Ce sont quatre heures bien employées, et plus d'une fois mon âme a fermenté du désir d'égaler un jour de pareils hommes. » Il n'avait pas tardé à les égaler en attendant de les dépasser.

C'était à cette époque, en plein Empire, entre 1804 et 1810, un homme dans l'éclat de l'âge, heureux dans sa famille, favorisé par le succès, entouré d'une considération personnelle grandissante. Il le disait à sa mère : « Je suis injuste envers le ciel toutes les fois que je me livre à la tristesse. Une bonne mère, des amis rares, mon état, la vie que je mène, mon âge, non jamais sans doute je n'aurai plus de sources de bonheur... Quelque force seulement pour régler cette sensibilité qui mêle souvent d'amertume le bonheur qu'elle devrait seulement goûter,... et je pourrais dire avec fierté : Quel homme est aussi heureux que moi? » Deux choses venaient bientôt compléter ce bonheur et agrandir cette existence, en ouvrant à l'émigré de Reutlingen, à l'habile avocat de Metz, des perspectives toutes nouvelles. Il préparait son mariage avec la plus jeune fille du baron d'Huart, la brillante femme qui a porté jusqu'à ces dernières années le nom de de Serre, et que les amis intimes, aux beaux jours de la chancellerie sous la Restauration, appelaient la « belle excellence ». En même temps, soit par des raisons de position au moment de son mariage, soit par une sorte de retour instinctif à des traditions de famille, il songeait à entrer dans la magistrature, reconstituée par la main puissante de Napoléon.

Avant de s'engager dans cette carrière nouvelle, il avait hésité ; il sentait le prix de l'indépendance, et il écrivait à madame d'Huart, dont il allait épou-

ser la fille, à qui il pouvait parler avec la sincérité
confiante d'une ancienne amitié : « Si vous n'avez
pas pour votre ami plus d'ambition qu'il n'en a pour
lui-même; si le prestige des dignités, des décorations,
ne vous séduit pas plus que lui;... si vous appréciez
comme lui cette indépendance, cette sécurité, cette
considération toute personnelle et surtout ces jouis-
sances morales, ce développement nécessaire de
toutes les facultés qu'il trouve dans son état; si
enfin vous vous élevez avec lui au-dessus de l'opinion du vulgaire de toutes les classes pour vous
attacher à la valeur réelle des choses, je pense que
vous conseillerez à votre ami de rester ce qu'il est
et de travailler seulement à devenir, dans son état,
tout ce qu'il doit être... »

Il s'était pourtant laissé tenter. Dans ses voyages à
Paris, il avait fait des démarches sérieuses, et il avait
d'autant plus aisément trouvé faveur que, dans ce
monde officiel du jour, il était tombé pour ainsi dire
en pleine Lorraine. Le grand juge Régnier était un
Lorrain de Blamont. Le premier chef de division
au ministère de la justice, homme d'une grande et
aimable autorité, M. de Collenel, était de la Lorraine;
il avait été au parlement de Nancy, émigré lui-
même. Un des protecteurs de de Serre, M. Colchen,

qui avait été mêlé à la Révolution avant d'être séna-teur de l'Empire, était de Metz, où il avait un frère président. Lorrain aussi était Rœderer, auprès de qui de Serre était accrédité. Tous le connaissaient pour ses talents, pour son nom, pour sa famille; tous s'intéressaient à cette jeune fortune. « Je sors de chez le grand juge, écrivait-il un jour à sa mère et à madame d'Huart; il m'a dit : Vous êtes d'une race honorable, vous vous êtes acquis une bonne réputation, vous convenez aux places de la magis-trature; mais vous ne pouvez guère arriver d'em-blée à une place de procureur général. Une place d'auditeur ne convient qu'à un débutant, non à un sujet formé. Attendez le nouveau plan qui se pré-pare; il présentera des places d'avocats généraux. Continuez d'exercer, et soyez sûr, dans l'occasion, de me trouver favorable... » De Serre n'avait pas été en effet oublié. Au mois de février 1811, il était premier avocat général à la cour de Metz, récem-ment formée, et, cinq mois après, en juillet, il rece-vait à l'improviste sa nomination à la présidence de la cour impériale de Hambourg.

Il avait à peine trente-cinq ans lorsqu'il se trou-vait appelé à ce rôle de chef de la magistrature française aux Bouches-de-l'Elbe! Il avait été choisi parce que Napoléon voulait un magistrat de la vieille France dans ces pays de récente annexion, et parce que ce magistrat devait nécessairement savoir l'allemand. Cette élévation, du reste, n'étonnait personne parmi ceux qui connaissaient le nouveau premier président; il avait donné de lui une telle idée qu'il semblait fait pour les postes les plus éminents, surtout pour les postes difficiles. Le chef de la cour de Metz, le président de Gartempe, l'accompagnait de vœux et de pronostics enthousiastes : « Vous réalisez le présage que j'osais exprimer lors de l'inauguration de cette compagnie... — *Sic itur ad astra!* » Et M. de Collenel, qui s'était vivement employé à cette promotion, lui écrivait en lui envoyant ses instructions : « Vous avez tout ce qu'il faut pour réussir : intégrité parfaite, talents, facilité, expérience des affaires, bonne tenue, excellente éducation... Vous avez été présenté, et Sa Majesté vous a nommé. Vous êtes jeune, plein de zèle pour son service;... une belle carrière vous est ouverte... Je vous embrasse et vous souhaite un bon voyage et un bon succès... »

IV

On vivait alors dans l'extraordinaire. Napoléon, en peu d'années, avait si profondément transformé la France que tout ce qui était du passé semblait oublié, que l'ancienne société semblait fondue dans la société nouvelle, et cette transformation s'était accomplie au milieu de tels prodiges que la présidence d'un Français dans une cour de l'empire à Hambourg ne paraissait pas plus extraordinaire que tout le reste. De Serre lui-même, emporté dans le torrent, avait accepté sans hésitation, sinon sans un mouvement de surprise. Cette Allemagne, où il avait vécu en obscur émigré, il la parcourait maintenant avec le prestige des dignités officielles, traitant d'égal à égal avec un landgrave, comme il le disait gaiement, visitant sur son chemin « Napoleonshœhe, le Versailles de la Westphalie [1] », — sans se douter que là, à soixante ans de distance, viendrait un jour échouer dans un dernier et humi-

[1] C'est le Wilhelmshœhe où Napoléon III devait passer ses mois de captivité après la néfaste aventure de Sedan.

liant déclin un héritier de cette fortune napoléonienne à laquelle il était associé.

Aller à une extrémité de l'Empire, à Hambourg,
inaugurer une justice nouvelle, diriger une cour où
il n'y avait que quatre Français, organiser des tri-
bunaux, introduire les lois de la France au milieu
des traditions et des mœurs allemandes, ce n'était
pas une œuvre facile. Il y avait à maintenir l'indépendance de la justice et à vivre en bonne intelligence avec tous les fonctionnaires impériaux, avec
les conseillers d'État formant une commission de
gouvernement, surtout avec la première des autorités, le maréchal Davout, prince d'Eckmühl, gou-
verneur des pays de l'Elbe, de la 32ᵉ division. De
Serre ne s'effrayait pas des difficultés, et avant peu
il avait mis sa cour en mouvement, il avait pris sa
place en magistrat supérieur, par son caractère
autant que par son esprit, par une fermeté conci-
liante et habile. Il était bien vu du maréchal, auprès
de qui il avait trouvé le meilleur accueil. Il avait
l'occasion, dans ce camp lointain, de voir passer
une foule de généraux, Carra Saint-Cyr, Morand,
Durutte, Radet, Lauriston, et avec quelques-uns il
avait des rapports d'amitié. Il ne se sentait nullement exilé dans ce monde un peu mêlé, semi-alle-

mand, semi-français, et il écrivait familièrement :
« J'ai trouvé ici un jeune de Castries, petit-fils du
maréchal de France, aide de camp du prince d'Eckmühl, qui me plaît beaucoup ; un jeune de Caraman,
petit-fils de celui que vous avez connu et qui est
capitaine d'artillerie légère ; M. de Villeneuve, qui
vous loua Pagny, et qui est ici directeur d'artillerie.
On se retrouve ici, comme à Paris, gens de toutes
nations et de toutes couleurs ; M. Fiévée, auteur de
la *Dot de Suzette,* est ici maître des requêtes
chargé de la liquidation, et M. Guy, inspecteur des
forêts, est un auteur de plusieurs opéras estimés.
Joignez à cela les richesses allemandes : il y a des
ressources pour la société... Encore quelques semaines, ajoutait-il dans une autre lettre à sa mère,
et nous serons réunis : Hambourg alors me sera la
France. » Si ce n'était pas encore la France, même
après l'arrivée de sa mère, de sa jeune femme,
c'était au moins une image de la France, et, pour
sa part, de Serre, avec sa droiture généreuse,
avait résolu le problème d'être un premier président français aimé et respecté chez des étrangers.
« On me dit que je ne déplais pas aux Hambour-
geois », écrivait-il, — et c'était vrai!

Malheureusement ce qui avait été fait par la con-

quête était menacé d'être emporté par la conquête.
Ce que la guerre avait improvisé allait disparaître
dans la guerre, dans les suites fatales de la catastrophe de Russie. Dix-huit mois à peine séparaient
de la grande débâcle annoncée par le 29ᵉ bulletin du
3 décembre 1812, et un des épisodes les plus
curieux assurément serait l'odyssée de ces colonies
françaises des pays annexés à travers les dramatiques
péripéties de 1813. A Paris, on ne voulait pas de
fugitifs, qui auraient été le vivant témoignage d'un
désastre croissant, d'une domination en déclin. La
volonté de l'empereur, incessamment transmise par
ses ministres, était que tous les fonctionnaires obligés de se replier devaient rester à portée des événements pour reprendre leur poste au premier signal [1].
D'un autre côté, l'invasion, en avançant toujours,
en se fortifiant des insurrections ou des défections
allemandes, arrachait une ville, une province,
refoulant l'administration française. Les fonctionnaires formaient ainsi une sorte de population flot-
tante enveloppée dans le tourbillon des événements,
à la merci d'un succès toujours espéré ou d'un nou-

[1] Voyez plusieurs lettres impériales du mois de mars 1813.
— *Correspondance de Napoléon Iᵉʳ*, t. XXV.

veau revers de la grande armée. Ils remplissaient les villes et les chemins de l'Allemagne, livrés aux fluctuations de la guerre, attendant leur sort d'un Lutzen ou d'un Leipzig.

La cour de Hambourg avait le sort de toutes les administrations françaises, et son président était de cette tribu errante de fonctionnaires au service des événements. Entraîné une première fois en mars dans un mouvement de retraite dont Napoléon faisait presque un crime au général Carra Saint-Cyr, ramené à Hambourg par le retour victorieux du mois de juin, puis éloigné encore avant le blocus où Davout allait se couvrir d'une dernière gloire, de Serre passait ce cruel été de 1813 en courses perpétuelles, au milieu de perplexités de toutes sortes. Il campait tantôt à Wesel ou à Munster, tantôt à Osnabruck ou à Brême, se concertant avec son procureur général, M. Eichorn, avec M. de Faban, intendant général des finances auprès du prince d'Eckmühl, et en définitive n'ayant rien de mieux à faire que d'attendre les ordres du maréchal.

Vie singulière, partagée pour lui entre l'étude et ses compagnons de mauvaise fortune! A Munster, il se plongeait dans la lecture, et, se rappelant qu'il « lisait l'*Esprit des lois* à Pagny avant d'entrer dans la carrière », il trouvait « curieux et instructif de le relire après l'avoir parcourue ». A Osnabruck, on se réunissait souvent, et, quand il y avait une victoire comme Lutzen ou quelque signe favorable, comme la nouvelle du congrès de Prague, la gaieté renaissait dans ce monde toujours français. « Vous auriez été égayée, écrit-il un jour d'Osnabruck à sa mère, si vous eussiez été de notre partie de campagne d'hier. Nous étions près de quarante, tous fonctionnaires et presque tous Français d'origine. Une maison élevée sur un perron au milieu des bois plantés, avec beaucoup de grandeur, par les propriétaires successifs depuis plus d'un siècle; une vaste salle pour le festin, qui était abondant; les vins de choix et vins de France; trois ou quatre femmes seulement et des plus courageuses, les autres sont en arrière. J'avais pour voisine la présidente du tribunal, jeune Alsacienne, brune vive et piquante… Après le dîner, le général Carra Saint-Cyr m'a emmené, et nous avons parcouru la nuit toutes les allées : le repas, le bon vin, le rendaient causeur. Ce qui m'amuse souvent, c'est que dans ces moments d'entraînement, d'abandon, je m'arrête presque toujours en moi-même et j'observe… »

Une de ses épreuves les plus douloureuses avait

été, à sa rentrée d'un instant dans Hambourg, la nécessité de sévir contre quelques-uns de ses collègues,
magistrats d'origine allemande, qui, pendant l'occupation ennemie, s'étaient associés à des actes d'hostilité contre la France. En faisant son devoir, il se
demandait si ce qu'il y avait d'extraordinaire dans
ces crises n'était pas au-dessus de la plupart des
caractères. Il souffrait d'avoir à chercher et à signaler des coupables dans sa cour, ajoutant avec noblesse : « Voilà de véritables chagrins, car ma destinée
personnelle ne me cause point de sollicitude. Aussi
prêt au repos qu'au travail, marchant au milieu
d'embarras nombreux, à travers maintes épines et
maintes douleurs, je ne me plaindrai de rien pourvu
que je n'aie fait rien d'indigne d'un homme d'honneur, d'un Français, d'un magistrat... » Il avait en
effet honorablement tenu tête à l'orage, restant
jusqu'au bout, tant qu'il avait pu. En quittant Hambourg, aux premiers jours de septembre, au lendemain de la victoire de Dresde, il avait cru même
pouvoir encore y rentrer. Il ne le pouvait plus, il
était désormais et malgré tout emporté par le reflux
des événements jusqu'à Paris, où il se retrouvait
aux derniers mois de 1813 et au commencement
de 1814.

V

C'était déjà l'agonie d'un grand empire. A son arrivée à Paris, de Serre s'était hâté de voir ses amis, le monde officiel. Il avait vu l'archichancelier lui-même, le chef de la justice Régnier, que l'apoplexie enlevait en ce moment au ministère, puis le nouveau grand juge, le comte Molé, avec qui il se rencontrait pour la première fois, qu'il devait retrouver bientôt dans la politique. Il avait vu le ministre de l'intérieur, M. de Montalivet, qui avait connu son père, le duc de Rovigo, ministre de la police. Auprès de tous, il avait trouvé l'accueil le plus gracieux, de la considération, des témoignages flatteurs sur sa conduite et des promesses pour l'avenir.

Il n'avait en définitive qu'à laisser passer la tempête, à attendre, et du fond de la retraite où il restait dans Paris menacé, il assistait avec tout le monde à ce prodigieux drame de la campagne de France, l'âme émue des « angoisses communes à tous les Français dans ces malheureux temps ». Il suivait cette crise grandissante de l'hiver de 1814, écrivant sans cesse à sa mère, tant que les communications étaient ouvertes, et faisant de ses lettres une sorte de journal de ses impressions : « Toute la garde part d'ici (24 janvier), et l'empereur doit bientôt suivre. Comme l'ennemi s'avance par Langres et Chaumont, il ne peut tarder beaucoup à se passer des événements décisifs. Dieu bénisse cette fois nos armes! Espérons mieux dans l'avenir!... Nous sommes au moment où il faut redoubler de courage et de résignation... — Il arrive ici (1ᵉʳ février) des fugitifs de tous côtés ; d'autres personnes partent de Paris, alarmées de ce qu'on fortifie les barrières ; j'y attendrai sans aucune crainte... Je vous le dis, après les ténèbres vient la lumière, quand même on ne prévoirait pas de quel côté!... — On nous avait donné (6 février) de bien mauvaises nouvelles. Je les crois fort exagérées ; mais la position est toujours bien difficile, et l'orage s'approche : il faudra des prodiges pour le détourner... Depuis quelques jours, j'ai le cœur plus triste que de coutume. Vous savez comme j'ai toujours aimé mon pays ; ses malheurs pèsent sur moi... Mes livres me sont parfois une ressource... »

A mesure que les événements se rapprochaient et s'aggravaient, de Serre sentait plus vivement le poids de cette crise tragique dont il ne pouvait prévoir le dénoûment. Il ne distinguait pas, selon son expression, comment la France serait tirée de cet abîme, lorsque tout à coup les dernières péripéties, l'abdication de Fontainebleau, la restauration royale, l'arrivée du comte d'Artois à Paris, rouvraient devant ses yeux un horizon inattendu, en le ramenant, comme il le disait, aux premiers sentiments de sa jeunesse. Lié à l'empire par des fonctions supérieures, il avait trop d'honneur pour devancer sa chute par la défection ; il était aussi trop éclairé pour n'avoir point aperçu les fatalités que Napoléon se créait à lui-même par ses excès de génie, par son système de guerres démesurées, et la restauration des Bourbons sortant de la catastrophe de l'empire comme un moyen de salut pour la France, cette restauration était tout ce qui pouvait le mieux répondre à ses instincts, à ses vœux. Il écrivait dès le 14 avril à sa mère : « Vous savez quels grands événements se sont passés depuis quinze jours. Ils nous remplissent d'espérance pour l'avenir. Le comte d'Artois est arrivé avant-hier ; il a été reçu à merveille. Je l'ai parfaitement reconnu, et avec une satisfaction que vous imaginerez. Depuis longtemps ces premiers sentiments reprenaient en moi une force extraordinaire, et c'est un grand bonheur de pouvoir librement les manifester... »

Cinq jours après, il disait en homme qui n'entendait ni humilier ni déguiser son passé : « J'ai vu deux fois le comte d'Escars, capitaine des gardes du comte d'Artois. J'ai été présenté à ce dernier. Quand il a fallu lui décliner ma qualité, il a été tout étonné à ce mot de Hambourg ; il m'a félicité d'être ici plutôt que là-bas. Depuis trois ou quatre mois, je ne me souciais pas de me faire annoncer chez les défuntes grandeurs : il me semblait que c'était annoncer la perte d'une bataille. Aujourd'hui il semble que je rappelle un titre de l'autre monde... » Et il ajoutait aussitôt : « Je vous dirai que, au moment où il a été question de nouvelle constitution, ma tête a étrangement fermenté. J'étais tourmenté de mes idées : pour m'en débarrasser, je les ai couchées sur le papier, et ma plume, que je n'avais touchée depuis que je ne pouvais vous écrire, courait comme jadis. Je me serais peut-être laissé aller à la tentation de mettre au jour quelque chose où, ne cherchant que la vérité, j'aurais infailliblement déplu à tout le monde ; mais on nous a si lestement improvisé une constitution que j'ai laissé là plume et papier... » Du premier coup, il sentait en lui le démon de la politique.

Qu'allait devenir de Serre dans cette inauguration de la monarchie renaissante? Il ne le savait pas encore; il aurait voulu être conseiller d'État ou retrouver une présidence dans une cour française. On ne se hâtait pas, dans ce premier moment de 1814; on ajournait de Serre à une organisation judiciaire, on lui proposait même des fonctions inférieures à celles qu'il avait occupées. Il ne s'en offensait pas, et surtout les sentiments monarchiques qui avaient en lui toute leur force n'en étaient point refroidis. Il y avait seulement des heures où, un peu dégoûté, il parlait de « revenir à son sac », c'est-à-dire à son métier d'avocat, — « et peut-être, quand j'y serai, ajoutait-il, je remercierai ceux qui n'auront rien fait pour moi. Le premier moment sera dur: Dieu soit loué! J'ai encore des forces et du courage, et ce n'est pas la première fois que je me mesurerai contre ma mauvaise fortune. Toutes ces pensées ne m'empêchent pas de me tenir sur la ligne où je me trouve placé; mais descendre, devenir avocat général en province, comme on paraît me l'indiquer,... je pense que la liberté de la parole et de la plume vaut mieux. » Il parlait gracieusement de ses mécomptes à sa jeune femme, qu'il avait envoyée à Spa pour sa santé : « Malgré ton goût décidé pour les champs, les bruyères ne trouvent pas grâce devant tes yeux. Les bruyères d'Ardennes auraient dû cependant faire exception auprès d'une demi-Ardennaise. Qu'y veux-tu, ma chère petite? il y a toujours quelques bruyères à traverser dans la vie; celles des sollicitations sont, je t'assure, pires que celles d'Ardennes. Ah! si je pouvais les éviter, je consentirais à parcourir à pied toutes celles de France et d'Allemagne... »

On avait fini, après bien des tâtonnements, des gaucheries et des méprises d'un règne enivré et étonné de lui-même, par appeler de Serre à la première présidence de la cour de Colmar. « Bonjour, bon an, te voilà présidente d'Alsace », écrivait-il à sa femme le 1ᵉʳ janvier 1815; mais par un mauvais sort, au moment où il arrivait à Colmar pour ouvrir sa cour, la première Restauration était déjà menacée d'être emportée par la funeste crise des Cent-Jours, par l'immense défection du 20 mars, et l'homme se retrouve tout entier avec sa droiture sérieuse dans cette délicate épreuve. En apprenant la marche miraculeuse et désastreuse du grand débarqué du golfe Juan, il avait la vive impression d'un événement qui faisait tomber tout d'un coup la patrie, comme il le disait, « de l'espoir le mieux fondé de liberté dans un abîme sans fond ».

Ce qu'il ne devait et ne pouvait pas faire, quant à lui, il le sentait sur-le-champ; ce qu'il devait faire, il le voyait moins d'abord. Délié par la chute de l'empire, rattaché d'âme et d'esprit à la monarchie restaurée, il ne pouvait pas, par une versatilité de fonctionnaire, revenir à Napoléon. En même temps, il ne voulait pas être encore une fois émigré. En se mettant aux ordres du roi, en restant fidèle, il se défendait d'aller à Gand. Il se retirait dans une propriété sur la Moselle, aux forges de La Quint, laissant passer un orage qui aggravait tout, qui préparait à la France une invasion nouvelle, à la monarchie encore une fois ramenée de l'exil le danger des exaspérations intérieures. Il ne sortait de cette retraite d'un moment que pour rentrer dès le lendemain des Cent-Jours dans sa magistrature de Colmar, et pour être nommé, coup sur coup, président du collége électoral, député du Haut-Rhin à la première Chambre de la seconde Restauration. De Serre se trouvait désigné par les circonstances comme le chef naturel des royalistes sensés de l'Alsace. Il se caractérisait lui-même en écrivant dès son début dans la vie parlementaire : « Notre Chambre, — celle de 1815, — n'a que trop d'ardeur dans le bon sens...; j'y jouerai probablement le rôle de modéra-

teur... » Il promettait ce rôle à sa généreuse ambition, et c'est ainsi qu'il arrivait à la politique,
homme déjà fait, éclairé par l'étude et par l'expérience des choses, façonné à l'usage de la parole,
mûr, en un mot, pour cette scène qui s'ouvrait devant
lui, — où il allait combattre, briller et mourir.

VI

C'est le destin des gouvernements que la France
à vus tour à tour s'élever et disparaître. Ils ont tous
porté en eux-mêmes à leur naissance une fatalité qui
les a tués. La fatalité de l'Empire, c'est la guerre. La
fatalité de la Restauration, après le malheur de la coïncidence avec les invasions étrangères, c'est le conflit
des passions d'ancien régime subitement réveillées,
et des instincts, des intérêts de la société moderne
créés par la révolution, disciplinés par l'Empire. Ce
n'est qu'avec le temps sans doute et à travers mille
péripéties que s'est dessiné ce drame appelé aussi
plus tard une comédie, — la comédie de quinze
ans! — Ce n'est que peu à peu, d'année en année

que les partis se sont classés avec leurs chefs, avec leurs mots d'ordre, et que, dans la mêlée des opinions, le duel s'est resserré. Dès le premier moment apparaissait déjà, étendant son ombre sur le régime, cette fatalité de réaction dont la Chambre de 1815 était comme l'expression vivante, fougueuse et naïvement implacable.

Élue aussitôt après les Cent-Jours, dans une première effervescence de royalisme, composée d'émigrés, de hobereaux de province, d'inconnus violents, cette Chambre, dans sa majorité, résumait toutes les passions de représailles, tous les regrets d'ancien régime, tous les ressentiments contre la Révolution, contre l'Empire. C'était un moment étrange où Chateaubriand lui-même, au lendemain de l'exécution de Labédoyère, suppliait le Roi de s'armer du glaive et de poursuivre ses justices, où M. de La Bourdonnaye imaginait ses « catégories » destinées à enlacer le pays d'un réseau de proscriptions, — où l'on ne pouvait, sans être rappelé à l'ordre, faire allusion aux scènes sanglantes de la « terreur blanche » du Midi, aux meurtres des protestants de Nîmes.

C'était le temps où des hommes, cependant honnêtes, proposaient la banqueroute au détriment des créanciers de l'État, sous prétexte que ces créanciers dataient de l'Empire, et où des politiques sortis de leurs manoirs s'essayaient à réédifier les juridictions, la puissance territoriale et civile de l'Église. De ce monde « ultra », plus royaliste que le Roi, révolutionnaire de procédés et de langage au nom de la monarchie, impatient de domination, M. de La Bourdonnaye était· la trompette retentissante, M. de Bonald était le théoricien subtil et inflexible, les Salaberry, les Duplessis-Grenedan, les Bouville, étaient les bruyants coryphées. Ces naïfs énergumènes, qui ne supportaient pas même qu'on les mît en garde contre leurs passions, marchaient aux répressions impitoyables comme à un triomphe; ils rêvaient, à l'abri de l'occupation étrangère, avec l'appui d'une partie de la famille royale, de défaire tout ce que la Révolution avait fait depuis vingt-cinq ans, de relever les influences aristocratiques et religieuses. Ils ne voyaient pas qu'ils ne faisaient qu'alarmer les intérêts nouveaux, troubler le patriotisme, semer les hostilités irréconciliables et préparer à court terme des réactions en sens contraire, soit par les conspirations, soit par la revanche régulière de l'opinion libérale momentanément réduite au silence. Ils étaient, dès le premier jour, le péril de la monarchie renaissante.

Que serait-il arrivé, en effet, si ces « ultras », ces « introuvables » de 1815, ayant une màjorité parlementaire, avaient eu aussi la direction des affaires de la royauté nouvelle, s'ils avaient duré assez pour réaliser ou pour tenter la moitié de ce qu'ils voulaient? Ils auraient probablement tout perdu en peu de temps; ils auraient détourné ou épuisé en luttes intestines les forces dont la France, occupée par les armées étrangères, avait besoin pour se délivrer et pour se réorganiser. Ils auraient précipité les crises, provoqué quelque nouveau 20 mars sans l'Empereur ou hâté un 1830, — et si cette fatalité que la monarchie bourbonienne portait avec elle semblait suspendue, au moins pour quelques années, c'est que précisément de cette situation critique naissait la résistance; au feu même des plus rudes combats parlementaires, avec l'aide de tout un groupe d'hommes plus éclairés, ralliés dans le péril, se produisait la plus originale et la plus courageuse des tentatives, ce que M. Guizot, dans ses *Mémoires*, a appelé « le gouvernement du centre », ce que j'appellerai l'expérience agitée et laborieuse de la politique modérée sous la Restauration.

Le règne de la politique modérée, avec bien des nuances et des oscillations, a duré cinq ans. Il com-

mençait par l'ordonnance du 5 septembre 1816, cet
acte décisif d'autorité royale qui, en dissolvant la
Chambre « introuvable », atteignait au cœur la réaction. Il s'engageait sérieusement, honnêtement,
quoique parfois avec un certain embarras, par le premier ministère du duc de Richelieu. Il arrivait à son
apogée sous le ministère Dessoles-Decazes-de Serre, à
la fin de 1818, sous le ministère Decazes-de Serre-
Pasquier, à la fin de 1819. Il touchait à son déclin,
un déclin pénible et disputé, sous le second ministère Richelieu, pour finir bientôt par être étouffé entre
les partis extrêmes qui allaient désormais disposer
des destinées de la Restauration. Sept ans plus
tard, le ministère Martignac ne devait être qu'une
courte trêve, une vaine reprise de ce règne interrompu, brisé par les factions contraires.

VII

C'est la plus grande et la plus sérieuse expérience
tentée dans notre pays pour fonder la monarchie
constitutionnelle par l'accord des traditions et de
l'esprit nouveau. Elle a eu ses hommes et ses œuvres.

Le premier des modérés, c'est Louis XVIII lui-
même, ce roi qui, sans être un grand politique,
avait quelques-unes des qualités du souverain, le
patriotisme par sentiment royal, une modération
naturelle, un esprit libre, peut-être aussi l'amour-
propre du lettré législateur. Après Louis XVIII, c'est
le duc de Richelieu, ce gentilhomme de vieille race
revenu avec la Restauration du fond de la Russie, et
appelé à la présidence du conseil pour ses relations
avec l'empereur Alexandre. Ame droite et généreuse,
caractère scrupuleux et simple, le duc de Richelieu
portait avant tout aux affaires, avec la loyauté d'un
galant homme, un sentiment français digne de son
grand nom, et le témoignage le plus touchant de son
patriotisme est certes la lettre qu'il écrivait à sa
sœur, madame de Montcalm, au moment où il venait
de signer le traité de novembre 1815 : « Tout est
consommé. J'ai apposé plus mort que vif mon nom à
ce fatal traité. J'avais juré de ne pas le faire, je l'avais
dit au Roi. Ce malheureux prince m'a conjuré, en
fondant en larmes, de ne pas l'abandonner; je n'ai
plus hésité... La France expirante sous le poids qui
l'accable réclamait impérieusement une prompte
délivrance... » Malgré sa longue émigration et ses
liens de société aristocratique, le duc de Richelieu ne

partageait pas les passions des « ultras ». Obligé de leur résister, il s'étonnait et souffrait à la fois d'avoir des royalistes pour adversaires, de les trouver moins sensibles que lui aux malheurs du pays, moins désintéressés que lui. « En vérité, disait-il dans une conférence intime aux fanatiques de réaction, en vérité je ne vous comprends pas avec vos haines, vos ressentiments qui ne peuvent amener que de nouveaux malheurs. Je passe tous les jours devant l'hôtel qui a appartenu à mes pères, j'ai vu les terres de ma famille dans les mains de nouveaux propriétaires... Cela est triste, mais cela ne m'exaspère ni ne me rend implacable. Vraiment vous me semblez quelquefois fous, vous qui êtes restés en France... [1]. »

A cette politique que le duc de Richelieu couvrait de son patriotisme et de sa probité s'associaient des hommes venus un peu de tous les bords : M. Lainé, l'orateur pathétique à l'âme courageuse et élevée, qui le premier avait osé dire la vérité à Napoléon par l'adresse fameuse de 1813 ; — M. Pasquier, que nos contemporains ont vu garder jusqu'à la dernière limite de l'âge un esprit si ferme, si net, si éclairé et

---

[1] Cette conversation avait été notée par M. de Villèle et a été retrouvée dans ses papiers. — Voyez le livre *Royalistes et républicains*, par M. Thureau-Dangin.

jamais découragé ; Membre de l'ancien parlement, préfet de police sous l'Empire, député de Paris après la seconde Restauration, nommé un moment président de la Chambre et successivement ministre de la justice, ministre des affaires étrangères, M. Pasquier était le conseiller toujours prêt, toujours clairvoyant, alliant la modération des idées à l'art de rapprocher les hommes, au sens pratique des situations. Quarante ans après, celui qui était devenu et qui restait pour tous « le chancelier » aimait à évoquer ce temps et M. de Richelieu. « Le souvenir m'en est cher, écrivait-il ; c'est qu'au travers des émotions, des incertitudes, les lueurs d'espérance se laissaient entrevoir. Les succès qu'on obtenait quelquefois soutenaient le courage, et ils en auraient donné si l'on en avait manqué [1]... »

M. Decazes, qui avait servi l'Empire comme M. Pasquier, et qui, rallié comme lui dès le premier jour à la Restauration, s'élevait rapidement de la préfecture de police au ministère de la police générale, au

---

[1] Lettre de M. Pasquier à M. Portalis. — Voyez le livre intéressant et distingué publié par M. Louis Favre sous ce titre : *Etienne-Denis Pasquier, chancelier de France, Souvenir de son dernier secrétaire.* — J'ajouterai que dans cette lettre, écrite en 1857, sous le second Empire, le vieux chancelier mettait toute sa verve à défendre contre le vieux magistrat le régime parlementaire.

ministère de l'intérieur, puis à la présidence du conseil, **M. Decazes** avait entre tous un rôle particulier qu'il devait à une faveur personnelle croissante auprès de Louis XVIII. Jeune encore, séduisant de manières, aussi actif que dévoué, **M. Decazes** ne se servait de sa position privilégiée de favori du roi que pour populariser la monarchie par l'apaisement, par l'atténuation de toutes les rigueurs, par la conciliation libérale. Et autour de ces représentants principaux de la politique modérée se réunissaient d'autres hommes comme M. Portalis, M. Siméon, le maréchal Gouvion Saint-Cyr, le baron Louis, puis les libéraux royalistes du parlement, ceux qu'on appelait les doctrinaires, Royer-Collard, Camille Jordan, M. de Barante.

Ce que le duc de Richelieu et ses amis, ses collègues ou ses alliés du ministère et du parlement se proposaient, c'est le programme invariable du lendemain des grandes catastrophes nationales : mettre fin aux occupations étrangères, payer les rançons, reconstituer les finances et le crédit, refaire une armée, réorganiser la France, affermir les institutions. Cette œuvre nécessaire, elle était impossible au milieu des proscriptions et des réactions ; elle ne pouvait être accomplie qu'avec un pays pacifié, réconcilié, rassuré dans ses instincts comme dans ses intérêts. Tout se tenait. M. de Richelieu avait, dans l'œuvre commune, sa tâche unique, la libération du territoire, à laquelle il se dévouait, qu'il n'arrivait à réaliser définitivement qu'en 1818, peut-être un peu par son ascendant personnel auprès des souverains de l'Europe. Il avait patriotiquement reconquis l'indépendance, et tandis qu'il en était encore à poursuivre cette libération, le gouvernement faisait accepter par les Chambres la loi du 5 février 1817, qui complétait la Charte par un système d'élections, fondé sur l'égalité des votes. Le maréchal Gouvion Saint-Cyr, appelé au ministère de la guerre, préparait la loi de 1818, par laquelle il donnait à l'armée une constitution nouvelle; il tranchait, selon les idées modernes, contre les traditions d'arbitraire et de privilége, le plus grave des problèmes, celui d'une organisation nationale des forces militaires de la France. Ce que Gouvion Saint-Cyr faisait pour l'armée, le baron Louis l'avait fait pour les finances. Bientôt la presse à son tour allait voir son code plus libéral.

Pour pouvoir suivre cette politique modérée, les ministères devaient nécessairement s'appuyer sur des modérés, sur ce qu'on appelait dès lors les deux centres, — ces éternels frères ennemis; mais avec

3.

cette politique de modération, dont la seule condition de succès était dans une alliance toujours fragile et incertaine, ils avaient affaire aux susceptibilités, aux dissidences, aux oppositions extrêmes.

S'ils semblaient incliner vers les libéraux, les royalistes les représentaient comme des révolutionnaires frayant la route aux jacobins, conduisant encore une fois la monarchie à l'abîme; les « ultras », dans leurs emportements, les traitaient comme des démagogues et au besoin se servaient contre eux des démagogues. S'ils cherchaient à désarmer les royalistes par des concessions, ils étaient menacés d'être abandonnés par les libéraux, même par les doctrinaires. Ils marchaient entre deux feux, entre des partis également ombrageux, également exigeants, obligés à chaque pas de défendre cette politique qu'on flétrissait du nom de « bascule », et que Louis XVIII relevait en disant : « J'ai embrassé un système de modération non point par paresse, mais par raison, pour empêcher la France de se déchirer de ses propres mains. » Au moindre incident, tout semblait remis en doute, et la loi électorale qui fixait le renouvellement annuel de la Chambre par cinquième, cette loi surtout était à peine votée et appliquée une première fois que déjà les conflits éclataient.

VIII

C'est au milieu de ce drame des opinions et des passions, au plus épais de cette mêlée ardente que de Serre s'était trouvé engagé dès 1815 et qu'il apparaissait bientôt comme un des plus vigoureux athlètes de la politique constitutionnelle.

Élu de l'Alsace, il arrivait à la Chambre en homme qui se sentait attaché par ses fibres les plus intimes à la monarchie renaissante, mais qui en même temps appartenait à la France nouvelle; et, à peine entré dans la vie parlementaire, il avait sa place naturelle dans la minorité modérée, parmi ces hommes qui, adossés pour ainsi dire à la Charte, étaient décidés à tenir tête aux fureurs de réaction. Sans avoir d'illusions sur les difficultés de la situation, il se jetait courageusement, corps et âme, dans la lutte, écrivant à sa femme dès les premiers moments : « La position est difficile : raison de plus d'avoir du courage. Il n'est point, d'ailleurs, question de partage, de déchirement. Nous faisons des pertes sensibles, nous subissons des conditions dures; mais enfin nous existons... Là-dessus il faut t'unir à moi de sentiments. Dis-toi bien que l'homme qui ne sait pas fortement aimer son pays n'aimera pas davantage femme, enfants, amis, parents; car c'est avec le même cœur qu'on aime tout cela... » Il réunissait tout, en effet, dans son âme ardente, et c'était un de ces hommes qui, une fois engagés, ne se reposent plus, qui sentent leurs facultés se multiplier et grandir par l'action, par la contradiction. Placé en présence de ces partis de 1815, de cette première Chambre aux passions violentes et ombrageuses, il n'hésitait point un instant : il acceptait, il prenait ce « rôle de modérateur » que le patriotisme lui conseillait, qu'il était de force à soutenir par la puissance du talent.

Lorsqu'on proposait d'étendre les proscriptions, de mettre partout dans les lois la peine de mort, la rétroactivité, de Serre s'élevait contre ces excès, qui ne faisaient, disait-il, que rendre les mœurs plus féroces, « contre des actes dictés par la passion ». Au risque de soulever des murmures et de provoquer même des rappels à l'ordre, il se servait avec habileté de la prérogative royale pour arrêter au passage des amendements qui aggravaient les mesures proposées par le gouvernement. — Lorsque, sous le nom d'indemnité au profit de l'État, on tentait d'ajouter, par voie rétroactive, la confiscation à des peines prononcées contre des condamnés politiques, il s'écriait : « Les révolutionnaires en ont fait ainsi, dites-vous; ils en feraient encore ainsi s'ils ressaisissaient la puissance! C'est précisément parce qu'ils l'ont fait que vous ne devez pas imiter leur odieux exemple, et cela par un sens torturé d'une expression qui n'est pas franche, par un artifice qui serait tout au plus digne du théâtre... Messieurs, *notre trésor peut être pauvre, mais qu'il soit pur!...* »

Lorsque, dans une pensée de vaine réaction contre tout ce qui venait de la Révolution et sous prétexte de nécessité, on proposait tout simplement la banqueroute de l'État envers les créanciers de l'arriéré, de Serre condensait dans un mouvement d'éloquence une idée profonde : « L'injustice du passé vous révolte, disait-il; ce sentiment est louable, mais si les siècles pouvaient se rapprocher devant nous; si, dépouillée de la mousse des temps, la racine de tous les droits pouvait se découvrir à nos yeux, pensez-vous que les droits les plus respestés aujourd'hui nous apparaîtraient purs de toute violence, de toute usurpation, de toute injustice? Eh bien! messieurs, celui qui n'a pas compris que la

Révolution renferme plusieurs siècles en elle, celui qui n'a pas senti que la volonté du Roi, la Charte qu'il nous a donnée, avait reculé dans le temps tous les actes antérieurs, cet homme n'a point élevé ses pensées assez haut pour concourir à donner des lois à la France actuelle... » On sentait dans ces hardies et fortes images sur la condensation des temps l'esprit qui avait fréquenté l'Allemagne, qui appliquait à l'histoire et à la politique une philosophie supérieure dont bien d'autres ont hérité depuis en la reproduisant.

Quand enfin, par subterfuge, on cherchait à glisser dans le budget la « restitution » au clergé des biens d'origine ecclésiastique en privant le crédit public de sa garantie, l'État d'une de ses ressources, il combattait avec une énergique indépendance cette tentative; il retraçait le rôle de l'Église, les droits de la puissance civile, et, invoquant la gravité du temps, il ajoutait avec impétuosité : « Dans quelles circonstances présente-t-on de pareilles demandes? Lorsqu'à la suite de tant de guerres étrangères et civiles, des ravages de deux invasions, les peuples écrasés ploient sous le faix des impôts; lorsque nous avons la douleur de reconnaître que ces impôts sont insuffisants et d'annoncer qu'il faudra y ajouter encore ; lorsque presque tous les services sont plus ou moins en souffrance, que la dette exigible est sans gage, la dette perpétuelle croissante ; lorsque le budget de la guerre chargé de la dette sacrée des retraites et des traitements provisoires ne suffit pas ; lorsqu'en regard avec les autres puissances, nous sommes sans armée, sans marine ; lorsque les clefs de la France, son territoire, sont engagés à l'étranger, qu'il nous faut payer sa rançon, et que, pour sauver l'État, ses domaines sont évidemmentson unique ressource !!... Non, messieurs, non, ce n'est point le clergé qui a fait de pareilles demandes. Le clergé de France a des sentiments plus nobles, plus désintéressés, et surtout plus français, plus patriotiques !... »

A tout propos, dans ce conflit entre le royalisme extrême et la politique de modération, de Serre était sur la brèche, et sa parole nerveuse, animée, abondante en mots frappants faits pour résumer une situation, étonnait d'abord, puis subjuguait ou irritait les « ultras ». Cette session de 1815 avait révélé en lui l'orateur propre à toutes les luttes de l'éloquence, et son nom avait assez retenti pour qu'à son retour en Alsace, à Colmar, on fît fête au personnage public, à ses « lumières » et à son « intrépidité », pour que le bâtonnier des avocats, qui était M. Chauffour, dit dans un discours : « Grâce à des hommes de cette trempe, que la France ne croyait plus posséder, tout s'épure, tout s'améliore. »

IX

Les premières liaisons de de Serre dans la vie publique avaient été avec ce groupe peu nombreux et libéral de la Chambre qui n'était pas même encore un parti, les Royer-Collard, les Beugnot, les Becquey, les Bourdeau. Il s'était trouvé surtout rapproché de Royer-Collard, avec qui il nouait dès lors une vive et sérieuse amitié.

Ces deux hommes ne se ressemblaient ni par le talent ni par le caractère, et cependant ils s'attiraient. De Serre avait été frappé de ce qu'il y avait de supériorité d'esprit, de hauteur morale chez Royer-Collard; à son tour, Royer-Collard, l'homme le moins prodigue de ses sympathies, avait été subjugué par cette généreuse nature de de Serre, qui lui inspirait, avec un attachement croissant, une sorte de respect dont il s'étonnait peut-être un peu lui-même. L'un et l'autre, avec des collègues devenus bientôt des amis, avaient fait cette campagne de 1815 en émules qui s'étaient rencontrés pour la première fois et avaient grandi ensemble. Chose curieuse! c'est parmi ces modérés que la prérogative royale avait en ce moment ses plus sûrs défenseurs, c'est au camp des « ultras » du royalisme que les droits parlementaires trouvaient leurs champions les plus ardents. L'anomalie semble étrange ; elle était plus apparente que réelle. Au fond, les royalistes extrêmes revendiquaient avec âpreté les droits parlementaires, parce que, formant la majorité, ils espéraient se servir de ces droits pour conquérir le pouvoir et pour réaliser leurs desseins, en s'imposant, s'il le fallait, au Roi. Les modérés se montraient les gardiens résolus des droits de la royauté, des prérogatives du gouvernement, parce qu'ils sentaient que là était la dernière garantie du régime constitutionnel, d'un système de modération. Chacun suivait son instinct.

Les libéraux, de Serre et Royer-Collard en tête, soutenaient le ministère en le devançant quelquefois ou en l'aiguillonnant. Ils témoignaient la déférence la plus empressée pour M. de Richelieu, qui sentait le prix de leur concours et qui les craignait un peu ; pour M. Lainé, qui entrait en mai 1816 au ministère de l'intérieur. C'est en soutenant le gouvernement et en se sentant à demi soutenus par lui qu'ils avaient réussi parfois à détourner les motions les plus violentes dans la première session de 1815; mais ils voyaient bien qu'avec cette Chambre impatiente de réaction et à peine contenue par la volonté du Roi, rien ne serait possible; qu'à une session nouvelle, tout serait à recommencer dans des conditions probablement aggravées; que le gouvernement allait à une impasse.

Ils ne se méprenaient ni sur les dangers de la situation, ni sur la nécessité et le caractère du remède. Un renouvellement partiel de la Chambre était strictement selon la charte, — la dissolution complète suivie d'élections générales semblait bien plus encore être selon la vraie politique. Les libéraux n'osaient guère espérer du tempérament du cabinet ce remède héroïque, une résolution prompte et hardie. Ils ne savaient pas qu'à ce moment même le plus délié des ministres, celui qui avait le plus la faveur de Louis XVIII, M. Decazes, avec autant de discrétion que d'habileté, s'occupait de conquérir le Roi d'abord, puis ses collègues, M. de Richelieu, M. Lainé, à la mesure la plus décisive. De Serre, revenu à sa cour de Colmar, après la session, et

Royer-Collard, demeuré à Paris comme directeur général de l'instruction publique, ne cessaient de s'entretenir, dans leur correspondance, de ce problème du moment, qu'ils suivaient avec des alternatives de découragement et d'espoir. « Ce n'est pas seulement vous, écrivait de Serre, qui m'annoncez une lutte violente à notre prochaine réunion, et je ne vois pas que ceux qui seront certainement attaqués, qui ne peuvent en douter, qui ont le pouvoir en main, fassent rien pour se préparer à la défense. Peut-on consentir ainsi à être pilote pour laisser dériver la barque vers un écueil certain?... On m'avait engagé à écrire; je n'en ai pas le courage. Qu'aurais-je à dire, en effet, que ne sache bien mieux celui à qui je le dirais? » Royer-Collard, de son côté, répondait peu après : « Je suis sûr que vous m'interromprez pour me dire : Et *la grande affaire,* que devient-elle?... La vérité est que j'ai plus d'espérance que je n'en avais il y a deux mois, il y a un mois, il y a quinze jours. La raison fait des progrès et des conquêtes : la vérité perce, le petit nombre des insensés devient plus sensible... Enfin il me semble qu'on ose délibérer sur ce qu'il convient de faire; c'est un grand pas. Gardez cependant votre courage, car rien n'est fait, et des mesures décisives en apparence ne le seraient pas dans la main d'un gouvernement qui ignore sa force... »

La dissolution, sans être précisément l'œuvre de ces esprits d'élite, avait été conseillée par eux, et cette ordonnance du 5 septembre 1816, qui faisait appel à la raison du pays, qui avait été négociée avec tant de dextérité par M. Decazes, cette ordonnance était tout à la fois un coup sensible pour les « ultras », un succès pour les constitutionnels, pour leur influence, pour leurs opinions.

X

Première victoire sérieuse de la politique modérée après une année d'existence de la Restauration! « Le résultat des élections, écrivait Royer-Collard à de Serre, le lendemain du scrutin, nous donne une majorité de deux tiers. Vu la nature de l'autre tiers et ses points d'appui, ce n'est pas assez pour que le gouvernement soit dispensé de fermeté et d'habileté. Là-dessus je ne suis ni sans inquiétude ni sans espérance. Si nous ne marchons pas rapidement au bien, il y a lieu de croire que nous ferons cependant quelques pas. Soyez ici le 25 octobre; ce n'est pas trop de huit ou dix jours pour se concerter. Le concert est d'autant plus nécessaire que toute notre force est en nous-mêmes. » Et avant de se rendre à l'appel de son compagnon de lutte parlementaire, de Serre écrivait de son côté à sa mère : « On m'assure que nous aurons une majorité des deux tiers, mais que l'autre tiers fera une forte opposition. Nous verrons : ne pensez cependant pas que j'aie été entraîné à la dernière session. Vous devez voir plus que jamais que ce que j'ai fait était la seule chose à faire... » C'était en effet la situation, telle que l'avaient créée la dissolution du 5 septembre et les élections nouvelles, situation transformée, adoucie, mais difficile encore, où les « ultras » revenaient en minorité, avec l'exaspération de leur défaite et la ténacité de leurs passions, où le gouvernement se trouvait conduit par la logique à chercher son appui dans les éléments modérés du centre.

Le ministère ne pouvait se plaindre d'un résultat pour lequel il avait risqué l'acte hardi du 5 septembre. Il avait créé ces conditions, il les acceptait. Par ses actes, par ses choix, il témoignait l'intention évidente de suivre la politique de modération à laquelle il s'était attaché. Non-seulement il se complétait lui-même et se fortifiait par l'adjonction successive de M. Pasquier, du maréchal Gouvion Saint-Cyr, de M. Molé; il appelait encore au conseil d'État Camille Jordan, Maine de Biran, M. Guizot, jeune encore et déjà important, à côté de M. Mounier, de M. de Barante. M. Decazes mettait toute son habileté à seconder cette politique d'extension libérale. En réalité, cependant, le ministère hésitait et flottait assez souvent; il avait ses retours vers la droite. Le duc de Richelieu, avec sa parfaite sincérité, ne pouvait se défendre de certains mouvements de défiance et d'humeur à l'égard de ses nouveaux alliés. Il ne se séparait pas sans chagrin des royalistes extrêmes. « Il est bien dur, disait-il avec émotion, que nous soyons obligés de frapper des hommes qui sont à la vérité nos ennemis, mais qui ont été pendant ving-cinq ans les défenseurs de la monarchie. Ce n'est pas notre faute, nous ne pouvons pas faire autrement; mais la chose est tellement affligeante que je suis souvent prêt à déserter et à aller me cacher au fond d'un désert... » A dire vrai, si M. Decazes, par goût ou par calcul, se sentait attiré vers le centre gauche, auquel il venait de donner le gage de l'ordonnance du 5 septembre, le duc de Richelieu ne pouvait détacher ses regards de la droite en guerre avec le gouvernement. C'est l'essence de ce ministère mis en présence de son œuvre de 1816.

La position de de Serre avait singulièrement grandi dans ce second parlement de la Restauration. Il avait été l'orateur énergique et hardi de la minorité dans la première Chambre de 1815; il était de la majorité dans la Chambre nouvelle de 1816, et si un homme semblait fait pour représenter dans son esprit, dans ses tendances, cette assemblée issue d'une élection relativement libérale, c'était lui. Il la représentait si bien qu'aux premiers mois de 1817, lorsque M. Pasquier, nommé un moment président de la Chambre, entrait au ministère de la justice, il était naturellement choisi par ses collègues et accepté par le Roi pour prendre la direction des travaux parlementaires. « On vous veut pour président », lui écrivait M. Pasquier en prenant les sceaux, — et il écrivait lui-même modestement : « Cette nomination ne paraît désagréable à personne. » Il avait été désigné au choix du Roi avec M. Ravez, M. Faget de Baure, M. Bellard et M. Royer-Collard.

Président ou simple député, il était comme l'expression vivante d'un royalisme constitutionnel aussi étranger aux connivences révolutionnaires qu'aux complaisances pour les « ultras » de la monarchie. Il restait ce qu'il avait été jusque-là, persuadé, ainsi qu'il le disait, qu'il n'avait fait que ce qu'il devait faire en combattant les fanatismes surannés, les vaines résurrections nobiliaires et cléricales. Au fond du cœur, il partageait quelquefois sans doute les regrets du duc de Richelieu dans ses luttes de tous les jours contre les « ultras » ; mais, plus que le chef du ministère, il acceptait les conséquences de la politique qu'il avait adoptée, qu'il croyait seule conforme aux sentiments de la France nouvelle et aux intérêts de la Restauration elle-même. Il écrivait dans l'intimité au sujet des royalistes : « Ils sont incurables. Par leur opposition aux intérêts les plus évidents de la France, ils forcent à les attaquer, et les coups qu'on leur porte frappent sur l'ancienne France. Cette position m'afflige... — Sûrement, c'est un malheur que le ridicule jété sur une partie de l'ancienne noblesse : mais à qui la faute? Pourquoi des prétentions insoutenables, pourquoi de grandes incapacités se sont-elles mises en avant? Quand des caricatures se produisent, qui pourra empêcher d'en rire? Qu'on n'emploie de cette classe que ce qui est employable, chacun applaudira. Voyez

M. Séguier à Nancy, M. de Tocqueville à Metz, on sait qu'ils sont nobles et qu'ils ont même été exagérés ; mais ils se sont montrés les hommes de leur place, de leur département, et l'on a été content d'eux. La masse du peuple n'est donc pas aussi injuste qu'on le dit. Mais je m'engage presque dans la politique ; c'est le mauvais air de la Chambre qui déjà me saisit... »

Cet éminent et loyal esprit n'ignorait pas qu'en acceptant ce rôle d'antagoniste des réactions à outrance, en résistant aux fureurs de partis, le moins qu'il pût encourir était de se voir traité de révolutionnaire, d'apostat de sa classe. Il savait bien à quelles passions il avait affaire, quelles animosités il s'exposait à soulever, quels froissements d'opinions ou d'instincts il pouvait rencontrer autour de lui. Il s'attendait à tout et se mettait au-dessus des « faux jugements de tant de gens incapables de juger même de leurs propres intérêts ». Il ne s'affectait nullement des « bavardages » des « ultras » de Metz ou d'ailleurs qu'on lui transmettait. Au besoin, il se défendait même avec une douce fermeté contre des influences intimes, et un jour, comme sa mère avait été probablement l'écho affectueux de ce qu'on disait, peut-être aussi de ses propres craintes ou de ses impressions à elle et des impressions de sa belle-mère la baronne d'Huart, il lui répondait par une profession de foi familière et aimable où il se peignait lui-même : « Venons à la causette des deux mamans. Vous vous en êtes bien donné, vous avez parlé d'or, la meilleure intention, beaucoup d'esprit; mais pardon, vous ne vous êtes arrêtées, mesdames, qu'à l'écorce des choses. Au fond, il ne s'agit pas de tel qui plaît ou déplaît, qui est ambitieux ou ne l'est pas. Ce n'est guère par les affections qu'on se détermine en ce pays, et l'ambition est si naturelle qu'on ne s'avise pas d'en faire un crime. Tel qui déplaît plairait demain s'il voulait se rendre instrument; mais de quoi? de projets destructeurs pour ceux mêmes qui les poursuivent. Voilà le fond des choses! le oui et le non, y a-t-il là à transiger? — N'appartenir à aucun parti. — C'est bien ce que je fais, chère amie, car je puis dire devant vous et devant Dieu : J'aime avec désintéressement mon pays et mon roi, et les gens de cette trempe ne sont pas assez nombreux pour faire un parti. — Rompre avec tous amis, toutes réunions. — Mais je ne le dois pas, si c'est un moyen de résister là où le devoir, l'honneur, me commandent de résister. — Mais ce qui blesse en moi, c'est cette résistance. — En voilà assez pour mettre sur la voie. Sans doute il m'est pénible de lutter contre ceux vers lesquels me porte l'inclination. Il m'est encore plus pénible d'être prôné par des hommes dont je déteste la conduite et les principes. Je vous l'ai souvent dit, c'est un inconvénient de position. Je n'ai jamais compté que la route du devoir serait semée de fleurs ; mais j'y suis. Priez seulement Dieu, chère maman, qu'il me donne la force de m'y maintenir... »

XI

Fixer la politique de la Restauration et de la France dans une modération libérale, c'était l'idée supérieure chez lui, la raison de ses luttes contre les « ultras », ce qu'il appelait, en un mot, le devoir.

C'était aussi la raison de son attitude vis-à-vis du ministère du duc de Richelieu, pour lequel il restait un allié fidèle, mais clairvoyant et indépendant. Il défendait et appuyait le ministère dans sa direction générale ; il ne pouvait fermer les yeux sur ses hésitations et ses faiblesses, dont plus que tout autre, avec son instinct de gouvernement, il sentait le danger. Lorsque ce cabinet aux bonnes intentions cherchait à se dégager de ses éléments violents, M. du Bouchage, le duc de Feltre, et n'y réussissait que d'une manière assez décousue, de Serre, impatienté, ne pouvait s'empêcher d'écrire de Colmar, où il venait d'arriver, à Royer-Collard : « Chemin faisant j'ai appris deux bonnes nouvelles, la sortie de du Bouchage et l'entrée de Gouvion au ministère ; mais la façon me les a considérablement gâtées. Il est donc décidé que nous n'aurons jamais rien de franc et de net, et les meilleures choses, on nous les barbouille. Qu'est-ce que ce détour pour faire arriver Gouvion à la guerre ? Il n'y a personne qui ne voie que c'est ce qu'on veut et qui ne demande pourquoi on ne le fait pas... » Il se préoccupait de tout, de l'état de l'armée, de l'esprit des officiers, qu'il trouvait inquiétant, et en pressant de son mieux l'avénement du maréchal Gouvion Saint-Cyr au ministère de la guerre, il se préparait à être un de ses auxiliaires les plus énergiques dans la réorganisation militaire.

Lorsque le nouveau ministre de la justice, M. Pasquier, avait à se débattre avec ce concordat de 1817, dont le chancelier Dambray et la diplomatie de M. de

Blacas lui avaient légué l'embarras, de Serre saisissait l'occasion d'écrire au garde des sceaux : « L'avenir dépend presque entièrement de la marche qu'adoptera le ministère. Le renvoi, bien que tardif, de du Bouchage et de Feltre couvre jusqu'à un certain point les péchés de la marine et de la guerre. Il y a bien de la faiblesse encore aux finances, et le poste, si capital aujourd'hui qu'il est presque décisif, n'est point occupé; mais c'est toujours ce diable de concordat! Quant à moi, je le tourne et le retourne, il me reste toujours à la gorge. De quelle huile assez douce composerez-vous la loi dont vous voulez l'envelopper, pour réussir à le faire passer? Vous serez attaqués dedans comme dehors, comptez-y, et sur un aussi mauvais terrain, avec tout le courage du monde vous serez écrasés. Dieu! Dieu! tandis qu'on pourrait employer le temps et la force à faire de belles et bonnes et excellentes choses!... »

Sans être aux affaires, de Serre avait un ascendant réel sur le ministère comme dans le parlement, et c'est ainsi que par ses opinions, par son talent, par la position qu'il avait prise, il était devenu une sorte de personnage nécessaire. L'importance de l'homme était attestée tout à la fois par le prix que ses amis attachaient à sa réélection au premier renouvellement annuel de l'automne de 1817, et par l'acharnement que ses adversaires de la droite mettaient à le combattre. « Est-il vrai, lui écrivait Royer-Collard avec inquiétude, que votre élection soit contestée ou en péril? C'est un bruit qui se répand ici depuis quelques jours, et sur lequel nous avons besoin d'être rassurés promptement. Il s'accrédite par les terreurs des uns et par les mauvaises espérances des autres... Combien nous avons besoin de vous! Vous devez à votre pays et à vos amis de ne rien négliger de ce qui peut vous ramener. Répondez-moi à l'instant. Je n'ai plus besoin de vous dire à quel point je suis à vous. »

L'élection de de Serre n'était pas en péril; mais les « ultras » le poursuivaient de calomnies, — jusqu'à répandre qu'il laissait « ses parents mourir de faim » ! Et quant à lui, en rassurant Royer-Collard, il ajoutait : « Il nous est venu des inspecteurs militaires très-ridicules et très-ultras : un M. de X..., qu'on a fait maréchal de camp et qui n'a pas quitté sa campagne en Lorraine depuis trente ans ni essuyé un seul des coups de fusil tirés par millions depuis; un M. de Z..., grosse masse, avec un énorme ventre descendant sur ses genoux, qui a dit et répété qu'ils espéraient bien que je ne serais pas nommé, et qu'ils en riraient de bon cœur ; que dans l'Ouest et le Midi ils s'entendraient pour ne faire nommer que des jacobins... Au milieu de tout cela, je crois, avec les personnes influentes du pays, à mon élection, même à une majorité notable... Dieu fasse que cela ne m'amène pas à être témoin et en quelque sorte complice de notre ruine. Qui s'imaginera jamais que le même ministère a proposé la loi sur les élections, cette loi dont l'énergie m'a effrayé moi-même, et ensuite signé le concordat ! »

De Serre l'emportait grandement, en effet, au scrutin, et Royer-Collard, dans un mouvement de joie, se hâtait de lui écrire : « Il n'y a pas de circonstance où votre réélection ne fût un événement important ; jugez de notre joie... Revenez bien vite... revenez, nous nous aiderons !... Vous savez avec quelle impatience nos amis vous attendent, et la mienne surpasse la leur. Vous trouverez le ministère dans une position fausse et dangereuse ; j'aime à espérer que vous serez assez puissant pour l'en retirer. » Peu de jours après, Louis XVIII lui-même, en recevant de Serre en audience particulière et le voyant en costume de député, lui disait avec empressement : « Je suis bien aise de vous voir avec ce costume-là. J'ai eu peur, vraiment peur; j'avais bien recommandé de tout faire pour vous ravoir. J'en suis d'autant plus aise que j'espère que vous serez sur la liste des cinq. » Les cinq, c'étaient les candidats à la présidence pour la session qui allait s'ouvrir. De Serre fut en effet nommé président pour cette session nouvelle comme il l'avait été dans la précédente session, où il avait eu l'occasion de déployer la supériorité d'un magistrat parlementaire.

Tout se réunissait ainsi pour confirmer cette fortune grandissante qui se confondait avec celle de la France constitutionnelle. De Serre avait alors un peu plus de quarante ans; il était dans l'éclat d'une position publique conquise par le talent et par le caractère. Dans le parlement, il était un des premiers, sinon le premier; il pouvait passer pour le *leader* de l'alliance des opinions modérées, et s'il se mêlait moins activement aux luttes de tribune, c'est qu'il avait la mission de les présider. Avec les principaux ministres, M. Lainé, M. Pasquier, et bientôt avec M. Decazes lui-même, il avait des habitudes d'intimité fondées sur une libre confiance; il se réservait les droits d'une franchise entière, même, selon son expression, quand cette franchise pouvait déplaire. Dans le monde de Royer-Collard, il était l'objet d'une sorte de sentiment passionné, d'une tendre admiration ; il était de toutes les réunions de la rue d'Enfer, des dîners de madame Royer-Collard, et de ce côté rien ne se faisait sans lui.

Par sa double origine d'émigré et de magistrat de l'Empire, il touchait à des régions diverses de cette société un peu composite de la Restauration, aux salons royalistes et aux groupes administratifs, militaires de l'époque napoléonienne. Il ne représentait rien d'exclusif. Sa position de président de la Chambre étendait nécessairement le cercle de ses relations, de son influence, et en même temps ce qu'il y avait d'attachant dans sa nature élevée et droite lui attirait les amitiés les plus dévouées. Autour de lui, il y avait de ces hommes qui, modestes pour leur propre compte, mettent leur gloire à servir la fortune d'un personnage public d'élite. Le type de ces amis d'un désintéressement absolu était le fidèle et spirituel Froc de La Boulaye, ancien fonctionnaire de la marine, député du centre droit, propriétaire du château d'Ay, qui avait voué au brillant président un attachement inviolable. Dans sa famille, enfin, de Serre trouvait le bonheur par la grâce de celle qu'il associait à ses succès. Au milieu de cet éclat, cependant, il y avait un point noir. De Serre commençait à sentir sa santé ébranlée, sa poitrine menacée. Déjà, avant la fin de la sesion de 1818, il avait été obligé d'aller chez le baron Louis, à Petit-Bry, pour reprendre haleine par « quelques jours d'air, de campagne et de repos ». Ce n'était encore qu'un premier avertissement.

XII

Au courant de cet été de 1818, de Serre, laissant sa jeune famille dans une campagne aux environs. de Paris, à Aulnay, avait entrepris un voyage de santé et d'instruction. Après une halte à Ay, chez M. de La Boulaye, puis en Lorraine, où l'attendaient ses amis, il se rendait en Savoie, à Aix, et il profitait de sa présence dans la gracieuse vallée de Chambéry, au pied des Alpes, pour visiter le mont Blanc, le petit Saint-Bernard, décrivant ses courses avec un vif sentiment de la nature. Il ne s'en tenait pas là : en quittant la Savoie, après avoir retrouvé un peu de santé par les eaux, par l'air des montagnes, il parcourait une partie de la France, le Poitou, la Vendée, la Charente, le Bordelais, s'arrêtant successivement à Poitiers, à Niort, à la Rochelle, à Bordeaux, à Nantes. Il ne cédait pas à une frivole curiosité de touriste, il faisait son tour de France en homme public, en esprit sérieux, saisissant l'occasion d'étudier sur le vif l'administration, les opinions, les intérêts, tout ce qui pouvait développer ou rectifier ses vues politiques. A Nantes, il constatait l'alanguissement du commerce, la stagnation du port, suite de la guerre et des tributs accablants. « Il nous faut du temps et la paix » : c'était son mot. A Bordeaux, il retrouvait l'animation des partis; il se plongeait tour à tour, selon son expression, « dans les ultras et dans les libéraux », pour éprouver et fonder ses propres idées.

Bien accueilli partout, il s'éclairait de ce qu'il voyait, et, chemin faisant, il ne se bornait pas à recueillir des faits ou les impressions des autres : sorti momentanément du tourbillon de Paris, il s'interrogeait lui-même, il jugeait la situation et s'affermissait dans ses opinions, qu'il résumait en écrivant d'Aix à sa femme : « Mes opinions sont assez connues pour qu'il fût ridicule de les dissimuler... J'ai été trop vrai jusqu'ici pour cesser de l'être... Il y a partout des coteries. Grâce à Dieu, je n'appartiens à aucune; mais je ne me laisserai pas non plus intimider par de vaines appellations. C'est une loi de liberté qui a été donnée à la France, et je ne vois de salut pour le pays et pour le trône que dans le maintien et le développement d'institutions libres et généreuses. L'arbitraire de Bonaparte plaît à beaucoup. Quand je ne l'aurais pas toujours détesté, je ne connais pas une main capable de manier sou sceptre. Les nains qui se complaisent dans cet arbitraire, qui n'est qu'un jacobinisme concentré, appellent jacobin quiconque défend la loi, la justice, la liberté. Je ne dis pas que tous les avocats de cette cause soient sans reproche ou sans arrière-pensée; mais Dieu fait luire son soleil sur les bons comme sur les méchants. Voilà, chère amie, des convictions sérieuses devant lesquelles disparaissent toutes les autres considérations. Au surplus, je le répète, on me connaît, et, suivant l'intérêt qu'on croira y avoir, on me laissera arriver ou l'on m'exclura... » Il parlait jusque dans l'intimité avec cette hauteur, parce qu'il savait que dans la droite et même autour de quelques-uns des ministres les menées avaient recommencé pour l'évincer de la présidence à une prochaine session.

Ce qu'il fallait de fermeté à de Serre pour maintenir l'indépendance de ses opinions et de son attitude dans ces conditions, les événements allaient bientôt le prouver. Tandis que de Serre achevait son voyage dans les provinces, revenant avec cette conviction que le sentiment de l'ordre était partout en France, mais que ce sentiment ne serait satisfait que par une politique généreuse et désintéressée, la situation se compliquait.

D'un côté, le duc de Richelieu venait de partir pour le congrès d'Aix-la-Chapelle, avec la résolution patriotique d'effacer les dernières traces de l'invasion et de l'occupation étrangère, en se portant garant de la France auprès des souverains; il réussissait malgré les efforts des « ultras », qui essayaient d'effrayer l'Europe par des « notes secrètes ». D'un autre côté, au même instant, les élections législatives pour le renouvellement annuel de 1818 avaient un certain caractère de vivacité, et envoyaient à la Chambre quelques-uns des coryphées du libéralisme le plus avancé, M. de la Fayette, Manuel. C'était assez pour raviver tous les conflits d'opinions, en rendant plus difficile la position des modérés et en offrant un prétexte de plus aux alarmes des « ultras ». On voyait déjà la Révolution près de renaître par des élections, et un des amis les plus anciens, les plus intimes de de Serre, M. de Wendel, se faisait auprès de lui l'organe de ces effarements. M. de Wendel, qui n'était pour-

tant pas parmi les extrêmes, écrivait à de Serre :
« Vous me direz ce que vous voudrez, je ne sais
encore où vous en êtes aujourd'hui ; mais si je vous
voyais décidément donner les mains à ces gens-là,
fût-ce même par une espèce d'aveuglement pardon-
nable sur un aussi grand théâtre, je commencerais à
désespérer… Le jour où la majorité de la Chambre
sera décidément contre la dynastie, je ne vois pas
comment on s'en tirera ; ce jour, selon moi, n'est pas
fort éloigné… »

A cette sorte d'objurgation, de Serre répondait
aussitôt avec une certaine fierté que M. de Wendel
avait l'imagination bien ébranlée, qu'il était toujours bon de voir le danger, mais qu'il fallait un
peu plus de sang-froid pour juger les causes qui
l'avaient amené et les moyens d'en sortir. « Je ne
vous demande pas, ajoutait-il, de croire à ma péné-
tration supérieure;… je vous demande seulement
de croire à ma loyauté. Or, sur ce point, je ne connais pas encore de théâtre assez grand pour me faire
tourner la tête, et jusqu'ici, grâce à Dieu, le jour
du péril m'a trouvé au poste. »

Le jour du péril n'était pas si proche encore sans doute, — il pouvait venir cependant, surtout à la faveur de ceux qui le défiaient et l'appelaient par leurs excès d'opinion; mais avant que la fatalité qui pesait sur la Restauration se dégageât tout à fait, de Serre avait à passer par le gouvernement, où cette crise même le poussait, où il allait entrer avec cette loyauté dont il parlait avec un juste orgueil, avec ses intentions généreuses, son courage — et des espérances malheureusement suivies de prompts mécomptes.

II

DE SERRE ET LA POLITIQUE MODÉRÉE.

I

Un jour de l'été de 1818, M. Pasquier, qui était ministre, écrivait à de Serre, qui allait bientôt l'être à son tour : « En vérité, après nous être tirés des années qui viennent de s'écouler, il y aurait plus que du malheur à ne pas pouvoir marcher avec celles qui s'avancent. » A ne considérer que l'intérêt public, la raison, la nature des choses, cette confiance d'un esprit sensé et pratique n'était pas un vain optimisme. La Restauration, sauvée des écueils de 1816, sortie, pour ainsi dire, des passes les plus dangereuses, semblait en mesure de tenir tête aux orages. Les partis cependant restaient en présence avec leurs haines, leurs ressentiments, leurs défiances, et entre ces partis inégalement puissants, également passionnés, la loi des élections apparaissait comme l'objet des plus prochains, des plus inévitables conflits.

Cette loi du 5 février 1817, présentée ou acceptée par M. Lainé, conçue en réalité par les doctrinaires dans la pensée de consacrer la prépondérance des classes moyennes, cette loi se résumait en trois points essentiels : le suffrage direct attaché au cens fixé par la Charte, le scrutin de liste par département, et le renouvellement annuel par cinquième de la Chambre. Telle qu'elle était, la loi du 5 février avait probablement dépassé les calculs de ceux qui l'avaient proposée ou votée; elle avait surtout l'inconvénient d'entretenir, par le renouvellement annuel, la fièvre dans le pays, l'instabilité et la mobilité des partis dans le parlement. La première expérience électorale de 1818, sans modifier sensiblement les conditions parlementaires, avait commencé à inspirer des doutes. Le second renouvellement du mois d'octobre 1818, en envoyant à la Chambre quelques-uns des libéraux les plus accentués, excitait une sorte de panique dans le monde royaliste. Aussitôt on en venait à se demander si, par une série de renouvellements annuels, il n'y aurait pas une heure où une majorité ennemie se-

rait maîtresse de la Chambre des deputés. C'était le
mot de M. de Wendel à de Serre, et le duc de
Richelieu, qui, pendant ce temps, négociait à Aix-
la-Chapelle la libération du territoire, qui mettait
un zèle patriotique à rassurer l'Europe, à pallier
les incohérences intérieures de la France, le duc
de Richelieu n'était pas le moins troublé.

Fier sans doute du succès de sa grande négociation nationale, mais ému, presque irrité des élections qui lui gâtaient son œuvre, il ne rentrait à
Paris, aux derniers jours de novembre 1818, que
pour retrouver ses collègues agités eux-mêmes et
partagés; il ajoutait par ses propres inquiétudes
aux agitations du ministère. Sans le vouloir, par
son arrivée, il donnait le signal d'une véritable
crise de gouvernement, et c'est ainsi qu'en 1818,
comme on l'a vu depuis dans des circonstances
plus douloureuses encore, au moment où la plus
grave question extérieure cessait de peser sur la
France délivrée des occupations ennemies, la question intérieure éclatait ou renaissait dans toute sa
vivacité!

II

La situation à ce moment était aussi confuse que pénible. Seul peut-être, Louis XVIII gardait une sorte de sérénité supérieure. Il venait de recevoir en roi, aux Tuileries, les deux souverains de la Russie et de la Prusse, qui avaient quitté Aix-la-Chapelle pour lui faire une courte visite; il se flattait de les avoir conquis. Il considérait, — il l'a écrit lui-même, — « comme l'instant le plus heureux de sa vie » cette heure où, par les habiles négociations de son premier ministre, il pouvait enfin « voir le drapeau français flotter sur toutes les villes françaises ». Louis XVIII, tout entier à la joie patriotique de ce succès, ne s'affectait pas sérieusement de quelques élections qui avaient pu le contrarier, mais qui après tout laissaient intacte une immense majorité royaliste, et il ne voyait aucune raison de changer son ministère ou sa politique.

Autour du Roi, au contraire, régnaient le trouble et l'incertitude. La loi du 5 février 1817 devait-elle être maintenue? serait-elle remaniée complètement ou partiellement? et si elle devait être modifiée, quelles réformes proposerait-on? Après les élections récentes, le moment n'était-il pas venu de redresser la direction des affaires et de revenir, dans une certaine mesure, vers la droite? Ces questions compliquées, redevenues ardentes, passionnaient et divisaient les esprits.

Au fond, c'était toujours la lutte des deux politiques. Plus que jamais sans doute, par le service qu'il venait de rendre, que le Roi reconnaissait et dont ses collègues se plaisaient à lui faire honneur, le duc de Richelieu semblait rester l'homme de la situation. Tout le monde s'inclinait devant la prééminence du patriotisme utile et heureux. Quand on venait aux choses pratiques, à un système de conduite devant les Chambres, on ne s'entendait plus. Le président du conseil, dans ses velléités d'évolution royaliste, avait l'appui de M. Lainé, même de M. Molé. Le maréchal Gouvion-Saint-Cyr, M. Decazes, M. Pasquier, sans se refuser à tout changement dans la loi des élections, voyaient du danger à soulever prématurément une question délicate, et ils admettaient beaucoup moins la nécessité d'un retour vers la droite qui ressemblerait à un désaveu de la politique du 5 septembre. Le ministère se trouvait partagé en deux camps. De là une crise laborieuse et obscure qui se déroulait un mois durant au milieu de toutes sortes de péripéties intimes.

Évidemment le duc de Richelieu avait cédé à des impressions trop vives. Il avait cru trop aisément trouver des collègues disposés à le suivre dans une politique dont il ne se faisait pas lui-même une idée très-exacte, et, une fois engagé dans cette voie, il se laissait entraîner à deux actes ou deux démarches qui aggravaient tout et compromettaient tout.

Dès le début de la session, une intrigue, que le président du conseil ne connaissait pas, mais qui avait été nouée précisément pour répondre à ses vœux secrets, portait au premier rang des candidats à la présidence de la Chambre M. Ravez, à la place de de Serre, qui ne venait plus qu'au second rang. Le duc de Richelieu, flatté dans ses sentiments intimes, voyant dans la majorité donnée au premier candidat le signe d'une alliance possible avec la droite, se hâtait de soumettre au Roi la nomination de M. Ravez sans prendre même l'avis du conseil. Une explosion de surprise répondait à cet acte, qui ressemblait à une rupture avec une fraction libérale de la Chambre et qui atteignait quelques-uns des ministres eux-mêmes. De Serre, quant à lui, avait prévu cette tentative d'exclusion. Il se défendait de toute amertume, surtout à l'égard de M. de Richelieu, qu'il savait au-dessus de l'intrigue. Il ressentait cependant le coup, qui, du reste, ne le frappait pas seul, et au courant de ces journées d'agitation parlementaire, ministérielle, il écrivait à sa femme, demeurée à la campagne, à Aulnay : « J'ai beaucoup à me louer de M. Decazes, quoique je ne l'aie pas vu. La cabale contraire était si violente que sans lui je ne serais pas sorti candidat au premier tour de scrutin. C'est jusqu'ici sa défaite comme la mienne. Patience, petite, la victoire est journalière, et elle aime le courage. Que l'ordre actuel se maintienne, je n'en demande pas davantage. S'il devait périr, heureux alors ceux dont la responsabilité aura été la moindre... — Le maréchal Saint-Cyr et la maréchale sont parfaits pour nous; le baron Louis et nos amis de même. Sois convaincue que c'est honorablement que nous tombons. Tout est ici dans un grand ferment!... »

Trois jours après, il ajoutait : « J'ai beaucoup réfléchi sur ma conduite dans ces circonstances, et me suis convaincu que le plus grand calme, l'absence de toute irritation, le seul souci de l'intérêt du pays étaient dans les convenances, dans mes devoirs et mon caractère... » L'exclusion de de Serre avait pour conséquence immédiate la formation d'un groupe nouveau dans la Chambre, la « réunion Ternaux », où se rencontraient tous les anciens modérés.

A mesure que la crise se déroulait, le duc de Richelieu commettait une méprise bien plus grave encore. Il allait jusqu'à demander et même imposer au Roi, non-seulement l'exclusion de M. Decazes du ministère, mais son exil dans une ambassade lointaine, à Saint-Pétersbourg. C'était ce que M. Lainé appelait une mesure « impériale », ce qu'il aurait appelé un « oukase » s'il l'avait osé. M. Decazes recevait sans discuter cette communication, que Louis XVIII lui faisait avec des larmes, et il offrait de partir au premier ordre. Le duc de Richelieu avait dépassé visiblement la mesure. Il n'obéissait assurément ni à un goût immodéré et jaloux de domination, ni à des animosités personnelles. Il ne restait au pouvoir et il n'acceptait de reconstituer le ministère que par dévouement ; il aimait et estimait M. Decazes, et même en se croyant obligé de l'exiler il lui témoignait les sympathies les plus sincères. Sans le savoir, il cédait à des suggestions de coterie ; il subissait la tyrannie des défiances et des antipathies de la droite, dont il recherchait l'alliance. Peut-être aussi croyait-il que, ne pouvant plus avoir M. Decazes pour collègue, il ne réussirait pas à former un ministère tant que le favori du Roi serait à Paris.

Ce galant homme aux intentions si droites, si bien fait pour en imposer à la diplomatie, avait peu d'expérience des choses intérieures. Il ne voyait pas qu'en quelques jours il s'était rendu tout impossible. Malgré ses condescendances pour la droite, il ne voulait pas lui sacrifier entièrement la politique de modération à laquelle il avait attaché son nom, et pour cette alliance décevante autant qu'onéreuse il s'était aliéné les libéraux. En livrant de Serre, il avait laissé atteindre dans son importance un homme qui s'était illustré à la tête de la Chambre, qui avait été jusque-là, par l'éclat du talent et par son libéralisme monarchique, une des forces de la Restauration. En frappant M. Decazes, il avait risqué de blesser le Roi dans ses sentiments, un peu dans sa dignité, et il avait fait d'un ministre menacé de disgrâce un ministre populaire. Que lui restait-il ? Vainement il assemblait des noms disparates, M. de Villèle et M. Mollien, M. Siméon et M. de Lauriston : il ne tardait pas à se sentir impuissant, découragé. Il ne demandait plus qu'à s'effacer, renonçant à la mission qu'il avait acceptée, suppliant lui-même M. Decazes de rester, d'aider le Roi à former un cabinet.

C'est ce qui arrivait en effet, de sorte que cette crise, au lieu de finir par un succès de réaction, par une déviation de la politique modérée, se dénouait au profit de cette politique et des hommes qui l'avaient soutenue, qui avaient failli disparaître. M. Decazes ne cessait d'avoir l'exil de Pétersbourg en perspective que pour prendre le ministère de l'intérieur à la place du ministère de la police désormais supprimé. De Serre, le vaincu du scrutin de la présidence de la Chambre, se relevait garde des sceaux. Le maréchal Gouvion-Saint-Cyr, le vigoureux réorganisateur de l'armée, détesté des « ultras », restait plus que jamais au ministère de la guerre ; le baron Louis entrait aux finances, et tous consentaient à se placer sous la présidence d'un militaire, homme d'esprit et de ressources, à qui l'on n'avait songé qu'à la dernière extrémité, presque par hasard, en feuilletant un *Almanach royal,* — l'ancien chef d'état-major de Moreau, le combattant de Hohenlinden, le général marquis Dessoles.

III

La crise avait commencé comme un imbroglio de parlement et de cour ; elle finissait par un coup de théâtre qui laissait M. de Richelieu hors du ministère. Comédie éternelle de la petitesse et de l'ingratitude des partis! La veille encore, le duc de Richelieu était considéré comme le premier personnage public, sans lequel rien ne semblait possible, lorsque peu de jours après, sous l'inspiration et avec l'énergique appui des nouveaux ministres, un homme de bien, M. Benjamin Delessert, proposait d'assurer une dotation d'une rente annuelle de cinquante mille francs à celui qui venait de délivrer la France des occupations étrangères, cette proposition ne rencontrait que mauvaise grâce dans la Chambre. Les « ultras » ne pardonnaient pas à l'ancien président du conseil l'ordonnance du 5 septembre et sa modération ; quelques-uns des libéraux ne lui pardonnaient pas ses tentatives récentes de retour vers la droite. Les uns et les autres, oubliant la libération du territoire, se liguaient tristement pour diminuer la majorité dans le vote de la modeste rémunération nationale due à celui qui, après avoir rendu un éclatant service, sortait pauvre du pouvoir.

Le duc de Richelieu avait le droit de se sentir offensé; de Bordeaux, où il se trouvait, il écrivait aussitôt à M. Decazes, avec qui il avait gardé, malgré tout, les meilleurs rapports : « Vous me connaissez assez pour croire sans peine que j'eusse préféré un petit bout de remercîment, voté à l'unanimité, à tout l'argent du monde arraché par une faible majorité... » et il faisait don aux pauvres de Bordeaux d'une dotation marchandée!

L'ombre de M. de Richelieu absent et blessé pesait sur la situation nouvelle, sur le gouvernement, qui n'avait pu rien empêcher. C'était la faiblesse du ministère du 29 décembre 1818. La force du cabinet nouveau ou, si l'on veut, son caractère avait été de sortir de la crise la plus confuse comme l'affirmation vivante de la pensée du 5 septembre. C'était plus que jamais le ministère de la politique modérée par le maintien de la loi des élections, par un système nécessaire de conciliation et d'extension libérale. Dans cette administration naissante, M. Decazes, sans avoir la présidence, restait visiblement, sous le général Dessoles, le chef réel,

garant de la faveur du Roi, fort de son habile dextérité dans le maniement des affaires, dans les négociations avec les hommes et les partis. Il étendait
son action dans le centre droit et même vers les régions
les plus tempérées de la droite. De Serre, lui, formait le lien avec le centre gauche, avec les libéraux.
C'était le courage impétueux dans le parlement, la
voix éloquente du ministère, la force vive et entraînante du conseil.

Il arrivait au pouvoir sans brigue et sans vaine
diplomatie, passionné pour le bien, mûri par la
réflexion comme par les luttes de tribune, impatient
de servir sa cause et ayant à prouver qu'il pouvait
être le premier au gouvernement comme dans la
Chambre. Il avait déjà des relations de confiance
avec quelques-uns de ses collègues, le maréchal
Gouvion-Saint-Cyr, le baron Louis, qui étaient,
comme lui, des Lorrains. Il connaissait aussi le général Dessoles. Lorsque, dans l'été de 1818, il avait
laissé sa femme à la campagne à Aulnay, il lui écrivait : « Autant que je m'oriente, tu ne serais pas
très-loin du général Dessoles. Lui, sa femme et sa
fille sont simples et très-bien. Il est considéré de
tous les bords, homme sage et d'un excellent esprit,
et je lui crois quelque attachement pour moi... »

S'il n'avait pas eu jusque-là des habitudes d'intimité avec M. Decazes, il ne tardait pas à s'engager dans une vive liaison avec le ministre de l'intérieur ; ces deux hommes s'attachaient promptement l'un à l'autre, et par la différence même de leur esprit, de leur caractère, ils se complétaient dans l'action.

De Serre, à la vérité, avait un peu étonné et peut-être un peu froissé au premier moment Royer-Collard en se décidant à entrer au ministère sans trop consulter ses amis ; mais de ce côté il restait toujours le grand espoir, il pouvait passer pour le plus brillant représentant des doctrinaires au gouvernement, et par le fait le cabinet était la victoire de cette fraction des libéraux royalistes plus encore que de tout autre parti. Avec les nouveaux ministres, M. Guizot, M. Villemain, M. de Barante, avaient de grandes directions au ministère de l'intérieur, aux beaux-arts, aux finances. Camille Jordan était au conseil d'État. Dans son désir de rallier les hommes jeunes du monde libéral, de Serre avait eu même un instant l'idée de faire un sous-secrétaire d'État d'un avocat déjà renommé alors, illustré depuis par ses versatilités autant que par ses talents, Dupin, le défenseur du maréchal Ney. Dupin hésitait, puis finissait par refuser, et il s'exposait à recevoir du garde des sceaux ces paroles, dont une longue carrière a fait une haute et prophétique ironie : « Je comprends qu'après tant de naufrages il faut une vocation toute particulière pour s'engager dans la voie des périls et des sacrifices. » M. Dupin n'eut jamais, en effet, la vocation des sacrifices et des naufrages !

En définitive, avec les doctrinaires qui lui restaient, de Serre avait autour de lui un bataillon d'élite, un peu raisonneur, un peu exigeant peut-être, mais brillant d'intelligence, disposé à le servir par le conseil, par la presse, et M. Guizot, en lieutenant impatient d'importance, avec le ton d'un censeur familier, ne craignait pas d'aiguillonner dès les premiers temps le cabinet et le garde des sceaux. « Il faut absolument que vous parliez demain, écrivait-il un jour à de Serre ;... tout le monde s'étonne, et tout le monde a raison. On se demande si le ministère est donc paralysé, muet, mort, et en effet il en a l'air. C'est à vous de ne pas souffrir qu'il ait un seul instant cette fausse apparence... Vous seul pouvez et vous devez. Je vous proteste que cela est grave... Pour Dieu, ne dormez pas sur le banc des ministres. Soyez sûr que ce n'est pas seulement pour faire des tragédies qu'il faut avoir le diable au corps... »

M. Guizot en parlait un peu à l'aise ; l'auxiliaire,

si **M. Guizot** a été jamais un auxiliaire, dictait son rôle au chef de file. Le ministère n'était en réalité ni paralysé ni mort; il avait seulement à chercher sa voie, à mesurer sa marche sous le feu des oppositions extrêmes qui l'épiaient dès la première heure, et à montrer qu'il pouvait être, comme il le voulait, même sans M. de Richelieu, le gouvernement de modération libérale dont la Restauration avait besoin pour vivre. Le garde des sceaux particulièrement était homme à ne point s'engager à demi, à ne décliner ni les obligations du pouvoir ni les nécessités de la lutte dans la carrière nouvelle où il entrait.

IV

Ce ministère du 29 décembre 1818, qui a duré une année, — une année de combats et d'épreuves, — a été une des expériences les plus brillantes, une des tentatives les plus originales pour fixer la monarchie constitutionnelle dans des conditions modérées. La destinée du ministère était naturellement d'avoir affaire à toutes les oppositions extrê-

mes, et d'abord aux « ultras » d'autant plus exaspérés qu'ils avaient cru toucher au succès dans cette
crise où le duc de Richelieu venait de disparaître.
Les royalistes furieux ne pardonnaient un instant
aux nouveaux ministres que parce qu'aucun d'eux
ne portait, selon le langage des partis, « la tache des
Cent-Jours ». Les colères ne restaient pas longtemps
suspendues. La guerre éclatait presque aussitôt à
propos de deux incidents qui forçaient le cabinet à
prendre position, en montrant du premier coup la
place et le rôle actif que de Serre allait avoir dans
le gouvernement, dans les affaires de la Restauration.

Le premier de ces incidents naissait d'une simple
discussion de finances. Le baron Louis, homme de
probité et de régularité, avait tenu dès son avénement à en finir avec une question qui troublait son
esprit correct. Depuis la Restauration, on n'avait vécu
que de douzièmes provisoires, le budget n'avait pu
jamais être voté que sommairement et par fractions,
au détriment des intérêts les plus sérieux. Le temps
avait toujours manqué pour une discussion utile
avec l'année financière commençant au 1er janvier.
Le baron Louis, dans la pensée d'assurer le présent
et de régulariser l'avenir, avait proposé une combinaison nouvelle de l'année financière qui nécessi-

tait, pour une seule fois, le vote d'un budget de dix-huit mois. Ici, à la vérité, on se heurtait à la Charte, qui n'avait prévu qu'un budget annuel. D'un autre côté, ce qui se passait depuis le commencement du règne n'était pas moins irrégulier et devenait à peu près inévitable. Il s'agissait donc de concilier deux impossibilités apparentes par une mesure temporaire qui ne compromettait rien, qui préparait au contraire la régularité définitive et permanente.

Au fond, c'était une simple question de bonne foi; mais les finances disparaissaient, la politique seule restait avec ses excitations, et la droite, passionnée tout à coup pour les garanties constitutionnelles, s'armait de la Charte contre un gouvernement à qui elle feignait d'attribuer des préméditations d'attentat. M. de La Bourdonnaye, l'âpre et violent tribun des réactions de 1815, toujours le premier dans la mêlée, ne voyait partout que ruine, oppression et arbitraire. Il accusait les ministres de « semer l'inquiétude dans la garde et la division dans l'armée », — ce qui allait droit au maréchal Saint-Cyr, — de « désorganiser l'administration », — ce qui était pour M. Decazes, — de jeter « le désordre dans les finances pour favoriser les agioteurs et les capitalistes étrangers », — ce qui avait trait aux derniers emprunts négociés pour la libération du territoire.

M. de La Bourdonnaye donnait le signal, tout le parti suivait, et M. de Villèle lui-même, tout avisé qu'il fût, ne se défendait pas de ces excès. Il voyait dans une première violation de la Charte le prélude de toutes les violations, il évoquait les souvenirs de brumaire, il se laissait aller à dire : « Lorsque Bonaparte, à la tête de quelques soldats, vint disperser les membres du conseil des Cinq-Cents, ceux-ci invoquaient les droits qu'ils tenaient de la constitution; il leur répondit : — Vous l'avez violée! — Craignez pour vous-mêmes cette foudroyante réponse. » Ces exagérations peu sincères sur un point de légalité constitutionnelle ne laissaient pas d'éveiller chez bien des esprits des scrupules qui font honneur au temps : depuis, nous en avons vu bien d'autres!

C'est précisément à cette occasion que M. Guizot stimulait l'ardeur du ministère naissant et du garde des sceaux. Le baron Louis, plus habile financier qu'orateur, n'était pas homme à se défendre; seul de Serre « pouvait », selon le mot de M. Guizot, et il n'avait guère besoin d'être stimulé. Une fois la lutte engagée avec ce caractère politique, de Serre se jetait à son tour dans la mêlée avec ce don d'improvisation nerveuse qui faisait sa force. Il reprenait cette question de finances, qu'il dégageait de toute obscurité en vrai homme d'affaires supérieur, et, s'animant par degrés, saisissant corps à corps ses adversaires, M. de La Bourdonnaye, M. de Villèle, dévoilant leur tactique, relevant tous ces défis de l'esprit de parti, il répliquait d'un ton d'autorité véhémente :

« Croyez-le, messieurs, c'est à des signes certains que l'on reconnaît les vrais amis de la Charte, les hommes vraiment constitutionnels. On ne les voit point, pharisiens nouveaux, se contenter d'un culte purement extérieur, et, la Charte sur les lèvres, élever des scrupules et de subtiles querelles sur des syllabes, des points et des virgules, tandis qu'au gré de leurs passions ou de leurs intérêts ils violent sans pudeur les préceptes les plus essentiels de la loi. Aimer et pratiquer la Charte, c'est protéger, c'est défendre les droits, les intérêts, les libertés publiques que la Charte a reconnus et garantis ; c'est combattre tous ceux qui voudraient les inquiéter, les menacer ou les flétrir. Aimer la Charte, c'est chercher, non dans de vains simulacres, mais dans la franchise et la réalité de ses institutions, la pleine sécurité de nos droits, de nos intérêts et de nos libertés.

« Aimons ainsi la Charte, fondons sur elle le trône
dont elle est descendue ; que la France entière, à
notre exemple, se pénètre de son esprit, et nous ne
craindrons ni les soldats impies, ni les insolentes
paroles dont on nous a menacés...

« Non, et vous le savez bien, le gouvernement ne
sème la division nulle part, ni dans la garde ni dans
l'armée ; mais il maintient, il maintiendra dans
l'une comme dans l'autre le respect des lois, la sévérité de la discipline... Non, et vous le savez bien
encore, le ministère ne favorise pas l'agiotage ;
mais il oserait peut-être penser que, lorsqu'on a vu,
après bien des craintes, dans quelles mains venait
se reposer le pouvoir, la confiance publique s'est
ranimée... Vous le savez bien aussi, le ministère
ne cherche point à troubler la nation. Vous ne
pouvez lui imputer tous les actes arbitaires, les
atteintes à la liberté individuelle ou à d'autres libertés, dont vous réveillez avec tant d'imprudence
le souvenir. Sa première sollicitude, c'est de réparer promptement les maux causés par une trop funeste influence, mais trop souvent irréparables !
Voilà les difficultés contre lesquelles il lui faut lutter. Je ne crains pas de le dire, personne ne redoute
plus que lui les attentats à la liberté publique... »

6

Tout portait coup dans ce langage si nouveau. Ces allusions vengeresses à 1815, cette loyauté de libéralisme, trouvaient un écho dans les tribunes, qui éclataient en applaudissements. De Serre avait enlevé la victoire et pris position pour le ministère dès le premier pas.

V

L'autre incident, qui pour un début n'était pas une épreuve moins sérieuse, venait de la Chambre des pairs et d'une motion faite par un homme grave, respecté, M. Barthélemy, l'ancien membre du Directoire, l'ancien proscrit du 18 fructidor. M. Barthélemy avait proposé une « adresse au Roi » pour provoquer « dans l'organisation des colléges électoraux les modifications dont la nécessité pourrait paraitre indispensable ». Le drapeau qu'on avait cru un moment abattu se relevait. La pensée d'une réforme de la loi des élections avait survécu à M. de Richelieu, et allait se retrancher au Luxembourg comme dans une forteresse. La proposition de

M. Barthélemy avait pour elle la majorité des pairs, la droite de l'autre assemblée, la faveur et les excitations de la petite cour agitée et agitatrice du comte d'Artois; elle avait contre elle l'opinion, le Roi lui-même, le cabinet, les modérés du parlement. La Chambre des pairs voulait que la loi des élections fût modifiée, la Chambre des députés voulait que la loi restât intacte, — et le ministère était né pour la maintenir.

Le drame s'engageait vivement. « Les partis sont en présence, écrivait un matin de Serre à M. Decazes, et dans cette position tout mouvement qui sort du plan de campagne général est dangereux. » Le garde des sceaux, quant à lui, n'hésitait pas à revenir au combat, accentuant de plus en plus la politique ministérielle. « De quelques prétextes frivoles que se soit enveloppée l'attaque dirigée contre la loi des élections, disait-il pour détourner une intervention prématurée de la Chambre des députés, — le gouvernement a reconnu dans sa marche, dans ses appuis, un acte d'hostilité violent contre lui, contre les intérêts nationaux, et c'est un honneur au ministère du Roi que, pour arriver à lui, ses adversaires n'aient pas trouvé de route plus sûre que d'attaquer de front les intérêts les plus chers au pays. Nous en serons les premiers et les plus constants défenseurs, et sur ce point ni le Roi ni ses ministres n'ont besoin d'être provoqués. » Peu de jours après, dans un comité secret, il se retrouvait en face de M. de Villèle, de M. Corbière, de M. Lainé lui-même, embarrassé de se trouver parmi les agresseurs ou les censeurs de sa propre loi, et de Serre relevait toutes ces attaques dans un de ses plus éclatants discours, qu'il couronnait par cet énergique appel : « Je pose, dans son expression la plus simple, la question que vous allez décider. La France sera-t-elle livrée ou non à la domination des partis? La France repousse cette domination ; elle n'en attend qu'oppression, honte et calamités. Prêt à les combattre tous, le gouvernement du Roi réclame votre secours pour vaincre, et il ne l'aura pas réclamé en vain... » De Serre avait eu Royer-Collard pour auxiliaire dans cette lutte nouvelle.

La difficulté n'était pas dans la Chambre des députés, dont le garde des sceaux réclamait le secours ; elle restait toujours dans la Chambre des pairs, où l'hostilité se déclarait et s'aggravait non-seulement par le vote de la proposition de M. Barthélemy, mais par le refus de la loi financière. Il fallait trancher le nœud. Alors le ministère, soutenu par le Roi, se décidait à un acte hardi, à une promotion extraordinaire de soixante pairs. L'enfantement ne laissait pas d'être laborieux. — « Vingt-quatre pairs ont été adoptés hier soir, plusieurs un peu bien pâles, écrivait de Serre à Royer-Collard; demain nous tâcherons d'en obtenir quelques-uns plus significatifs. Quelle misère, quelle contradiction, mon cher ami, d'être si près du pouvoir, d'en sentir le besoin extrême, le devoir, et d'être contenu dans l'inaction! » L'acte pouvait avoir été dur à conquérir et ressembler à un expédient de circonstance pour déplacer la majorité d'une assemblée; il était certainement hardi en lui-même, et il l'était surtout par le choix des nouveaux pairs. A côté de ceux qui avaient été éliminés après les Cent-Jours pour s'être ralliés à Napoléon et que le Roi rappelait à la pairie, — Suchet, Mortier, Moncey, Lacépède, — figuraient des hommes comme Davout, Jourdan, M. Daru, M. Mollien, M. Portalis, M. Chaptal, M. de Laforest, M. Mounier, M. de Barante.

Ces soixante pairs, dont le nom révoltait les vieux ducs et la cour du comte d'Artois, représentaient une élite des classes nouvelles créées par la Révolution, et lorsque, dès le lendemain, les « ultras », exaspérés, cherchaient dans cette promotion une arme de plus contre le gouvernement, de Serre pouvait dire avec la hauteur de sa raison : « Accroître l'importance, le lustre de la Chambre héréditaire, *la mettre dans une heureuse et plus intime harmonie avec la France actuelle ;* reconnaître de grands et honorables services, assurer au trône, comme à toutes les autres institutions, de nouveaux défenseurs ; enfin *répondre par des effets à ces paroles d'union et d'oubli* que, sous l'inspiration du monarque, un noble fils de France (le duc d'Angoulême) a répandues dans les provinces, voilà les motifs d'une mesure qui a raffermi la confiance et fait croire à la stabilité... » C'était au moins une manière de relever la signification de la mesure.

On avait raison des pairs comme des « ultras » de la Chambre des députés, de sorte qu'en fin de compte ces incidents, suscités par l'esprit d'hostilité pour être l'embarras du ministère, n'avaient d'autre effet que d'accentuer plus vivement sa position entre les partis, le caractère et la direction de sa politique. Et à cette époque aussi, comme dans des temps plus récents, il y avait au milieu des plus sérieux conflits d'opinions et de systèmes ce qu'on appelait la question des fonctionnaires,

Rien n'est nouveau, ni l'esprit de parti ni l'ardeur des animosités ou des compétitions personnelles. En 1819, c'étaient les royalistes, Chateaubriand en tête, qui s'étonnaient et s'indignaient en comptant chaque jour les destitutions ou les déplacements des préfets, des conseillers d'État, des magistrats, des officiers, punis, assuraient-ils, pour leur dévouement à la cause royale. Ils accusaient le ministère de confier la garde de la monarchie à ceux qui l'avaient trahie et qui la trahiraient encore, à des fonctionnaires des Cent-Jours et de la Révolution, — comme si un gouvernement pouvait être servi par d'autres que par ses amis de naissance, par ses séides passionnés et jaloux! — Il est vrai que, d'un autre côté, les libéraux accusaient à leur tour le cabinet de ne pas destituer assez, de ne pas donner assez d'emplois à ses alliés de la gauche, de laisser en fonction trop d'ultras ennemis des institutions. Un journal aux tendances républicaines, *le Censeur,* avait seul le courage d'avouer qu'il y avait des questions plus sérieuses, et seul il osait ajouter : « Depuis le changement du ministère, les libéraux de circonstance obstruent toutes les avenues du gouvernement. La réforme qui leur paraît la plus utile, c'est que les ultra-royalistes soient exclus des places, et que l'argent de la patrie soit distribué de préférence aux patriotes! »

Le ministère se servait sans doute de ce levier toujours puissant des fonctions publiques; il s'en servait après tout en pouvoir modéré, poursuivant dans ses choix comme dans ses actes une œuvre de fusion et d'éclectisme libéral, s'efforçant de rallier à la monarchie constitutionnelle les intérêts nouveaux, les hommes qui ne passaient pas pour irréconciliables. C'était toute sa politique.

VI

Nul plus que le garde des sceaux ne mettait de sincérité et de feu à la réalisation de cette pensée ministérielle. De Serre la défendait dans le parlement, dans les conseils; il s'en inspirait dans son administration. Il avait avec M. Bellart, le fougueux procureur général de Paris, des altercations intimes dont ses lettres révèlent aujourd'hui la vivacité, et il avait quelque peine à réprimer les excès de zèle de ce chef de parquet qui prétendait exercer

un droit direct de poursuite politique malgré ses
ordres, qui ne s'inclinait qu'en lui écrivant : « Je
désire ne pas laisser votre grandeur se méprendre
sur la nature de mon silence ; il est de respect, non
de conviction. » De Serre ne destituait pas M. Bellart, il ne craignait pas de lui parler avec sévérité
et de le contenir. Par une circulaire d'un vrai
chef de la justice, il s'efforçait de faire pénétrer
dans la magistrature un esprit aussi élevé que nouveau d'équité et d'impartialité. Il entrait vivement,
passionnément, par la parole comme par l'action,
sous toutes les formes, dans l'œuvre commune
du gouvernement ; mais ce qui est resté surtout
l'expression originale et ineffaçable de son initiative
au pouvoir, ce qui était le mieux fait pour donner
au ministère sa couleur libérale, c'est la législation
sur la presse qu'il proposait peu après son entrée à
la chancellerie, dont il obtenait bientôt le vote et la
sanction.

Cette législation avait été préparée dans une commission où entraient M. Royer-Collard, le duc de
Broglie, M. Cuvier, M. de Barante, M. Guizot ;
elle avait été mûrie et coordonnée par le garde des
sceaux lui-même, qui avait surtout le courage d'en
accepter le fardeau. Le jour où la discussion com-

mençait, au mois d'avril, Royer-Collard lui écrivait le soir : « Je suis venu de chez moi pour vous voir et vous embrasser. Vous m'avez ravi ! vous devriez bien venir dîner demain, nous causerions de la suite de la loi. » Et de Serre répondait aussitôt : « Il en est de votre suffrage comme de votre amitié; je n'en connais point auxquels j'attache plus de prix. » Rien ne pouvait mieux mettre d'accord ces esprits libéraux.

L'œuvre, en effet, était le fruit d'une pensée réfléchie et sérieusement politique. Jusque-là, depuis la Restauration, je ne parle pas de l'Empire, la manifestation des opinions n'avait cessé d'avoir pour mesure l'intérêt, la raison d'État du moment ou une tolérance intermittente. La presse avait vécu sous un régime d'exception, sous l'arbitraire administratif, et Chateaubriand lui-même, pour un passage de son livre de la *Monarchie selon la Charte,* n'avait pu échapper à la censure. L'idée, les conditions essentielles d'une légalité protectrice n'apparaissaient que confusément et obscurément. Tous les projets présentés pour réaliser les promesses de 1814 avaient été arrêtés en chemin. Le problème restait tout entier. De Serre se proposait hardiment de le résoudre par trois lois qui formaient une sorte de charte de la presse, complément du droit constitutionnel de la France.

Tout se coordonnait dans cette législation fondée sur ce principe qu'il n'y avait point, à proprement parler, de délits d'opinion et de presse, qu'il n'y avait que des crimes et des délits de l'ordre commun provoqués ou commis par les discours publics, les écrits, les imprimés, les gravures, les dessins vendus ou distribués. « La presse, disait de Serre, rentre dans le droit commun comme tout autre instrument d'action, et en y rentrant elle ne rencontre aucune faveur qui lui soit propre, aucune hostilité qui lui soit particulière. » — Des trois lois conçues et proposées par le garde des sceaux, la première avait pour objet de définir la mesure de participation aux délits et aux crimes, les offenses au Roi, l'outrage à la morale publique, la diffamation, et de fixer les pénalités ; la seconde précisait les formes de procédure et le caractère de la juridiction appelée à prononcer ; la troisième avait trait aux conditions particulières dans lesquelles pouvait s'exercer le droit de publier les journaux. La nouveauté de cet ensemble législatif était de substituer pour les journaux un système de garanties matérielles, de responsabilités personnelles aux procédés préventifs, de créer pour les écrits un régime régulier et d'introduire le jury dans les affaires de presse.

Qui croirait cependant que libéraux extrêmes et ultra-royalistes se liguaient aussitôt pour représenter cette législation « comme le dernier effort du despotisme aux abois, comme une insulte au bon sens public et à la dignité des Chambres »? De Serre avait certes le droit de répondre avec une vivacité confiante : « On veut vous faire regarder ces lois comme très-restrictives si ce n'est comme destructives de la liberté de la presse; j'ose dire, au contraire, qu'elles la fonderont. » Il avait raison de croire qu'il accomplissait une œuvre libérale, et la discussion même, — une des discussions les plus sérieuses, les plus brillantes qui se soient déroulées dans nos parlements, — ne faisait que rehausser le libéralisme de la législation et de l'auteur des lois.

La plupart des questions qui depuis se sont reproduites si souvent étaient déjà agitées par ces généreux esprits qui les tranchaient en toute indépendance, sans se laisser arrêter par ceux qui s'effrayaient de cette émancipation de la presse ou par ceux qui réclamaient la liberté illimitée. Sur trois ou quatre points éternellement contestés, les plus belles lumières jaillissaient de ce débat.

Lorsque des hommes scrupuleux, craintifs, essayaient d'introduire parmi les délits, à côté de « l'outrage à la morale publique », l'outrage « à la religion », de Serre se livrait à l'analyse la plus profonde, la plus animée des conditions nouvelles créées par la liberté de conscience, des droits respectifs de la société civile et de la société religieuse. Il déclarait résolûment que « la liberté n'était pas moins nécessaire au perfectionnement moral et religieux des peuples qu'à leur perfectionnement politique ». Il montrait le danger d'une religion « armée du glaive des lois », de cette prétendue protection qui n'a jamais été qu'impuissante ou oppressive. — « Et qui est l'homme, s'écriait-il dans un mouvement d'éloquence, qui est l'homme, cet être faible et passionné, pour offrir au Tout-Puissant le secours de son bras? Veut-il donc s'emparer de sa force ou lui prêter ses faiblesses? Cette vaine présomption ne s'est déjà que trop montrée dans les siècles passés, et l'histoire nous enseigne, dans des pages sanglantes, quels en ont été les funestes résultats. Est-ce dans ces voies que nous voulons suivre nos devanciers? ou croit-on qu'il n'y ait plus parmi nous d'esprit de parti capable de venger sa querelle en affectant de prendre en main celle de la religion? Et qui nous répondra de l'avenir? et qui même du présent?... »

Lorsqu'on s'efforçait de mettre en doute l'autorité, l'intelligence, l'impartialité du jury, de Serre le défendait en trouvant le moyen d'être nouveau, et il ajoutait : « Quant à l'esprit de parti, malheureusement personne n'est à l'abri de son action, et si vous ne pouvez y soustraire absolument les jurés, le privilége qui leur est refusé ne sera pas accordé davantage aux magistrats; mais du moins, si l'on n'évite pas toujours un jury partial, il n'en résulte que le malheur d'un mauvais jugement. Au contraire, si l'esprit de parti s'est introduit dans une compagnie, dans un tribunal, on ne peut l'en bannir. Les juges inamovibles sont des juges nécessaires. La règle du jugement se trouve alors faussée, elle est faussée pour toujours et pour toutes les affaires. Considération décisive en faveur du jury! » — Lorsqu'à propos de la diffamation on prétendait assurer aux fonctionnaires, en même temps que l'inviolabilité de la vie privée, l'inviolabilité des actes publics, le garde des sceaux repoussait ce privilége en disant : « Eh! quoi! demanderait-on qu'en France, dans cette vieille terre de la franchise et de la sincérité, il fût interdit aux Français, à vous-mêmes, de dire la vé-

rité sur les actes publics des hommes publics? J'a-
voue que j'ai plus que de l'embarras, j'éprouve une
sorte de pudeur en agitant cette question. » —
Chacun de ces discours enlevait un vote.

VII

C'est au courant de cette discussion qu'éclatait
un jour en pleine séance un dramatique incident
d'improvisation. Le garde des sceaux, amené à parler du danger des agitations factices d'opinions, des
pressions extérieures sur les Chambres, se laissait
aller à dire que dans les assemblées délibérantes de
la France, « sous quelques funestes auspices qu'elles
eussent été réunies », il y avait eu une « majorité
presque toujours saine. — Quoi! même la Convention! s'écriait d'une voix vibrante M. de La Bourdonnaye. — Oui, monsieur, ripostait de Serre, oui,
même la Convention. Si la Convention n'eût pas
voté sous les poignards, la France n'aurait pas eu à
gémir du plus épouvantable des crimes... » — Aussitôt une émotion violente s'emparait de la Chambre.

Aux applaudissements de la gauche et des tribunes répondaient les murmures et les protestations de la droite. On ne comprenait pas au premier instant ce qu'il y avait de profondément conservateur dans une parole qui rejetait sur une minorité de factions déchaînées et tyranniques le meurtre de Louis XVI. De Serre avait de ces éclairs comme il avait ses hardiesses de législateur, et, sans se laisser détourner de son but par une diversion émouvante, il restait sur la brèche, tenant tête à toutes les oppositions. Il arrivait à conquérir ses lois dans la Chambre des députés, puis dans la Chambre des pairs, où il recommençait le combat avec d'inépuisables ressources de talent.

Au feu de ces luttes, de Serre avait singulièrement et rapidement grandi, d'autant plus qu'il avait été peu secouru par ses collègues. Il avait livré la bataille à peu près sans eux, avec l'aide de son émule en éloquence, Royer-Collard. Seul il avait représenté le ministère, et il avait assez réussi pour inspirer à ses amis, pleins d'orgueil, cette idée que par lui le problème du régime parlementaire, du gouvernement avec les Chambres et par les Chambres, était résolu; mais qu'on ne s'y trompe pas, en déployant l'art d'un parlementaire éprouvé, le libéralisme le plus sérieux, le plus réfléchi, il n'entendait pas subir des influences de révolution, et il le prouvait peu après. Le jour où s'élevait dans la Chambre une discussion peu opportune sur des pétitions réclamant impérieusement le rappel des régicides, il se roidissait sous l'aiguillon, repoussant avec une impétueuse énergie cette sommation. De Serre, par le fait, avait été opposé, comme Louis XVIII lui-même, à la loi qui avait frappé de bannissement les régicides en 1816. Maintenant la loi existait : cette agitation de pétitions lui apparaissait comme une revanche révolutionnaire de l'esprit de parti. Des mesures de clémence, des atténuations, des grâces que le Roi ne ménageait pas, soit; une amnistie légale imposée au Roi, un « acte solennel » rappelant et réhabilitant en quelque sorte les régicides, il le déclarait, — *« jamais ! »*

Ce mot, retentissant du haut de la tribune, renouvelait les émotions de la Chambre, en remettant toutes les passions aux prises. Il pouvait être imprudent, de même que dans un autre sens le mot prononcé par le garde des sceaux un mois auparavant sur la Convention avait été appelé malheureux. Est-ce à dire que ce *jamais* fût le cri de la colère, d'une politique sans pitié? Il n'avait nullement cette signification, pas plus que le mot sur la Convention n’avait été une apologie de la terrible assemblée, et la preuve, c’est qu’au même instant le gouvernement autorisait quelques-uns de ces régicides à résider en France, en même temps qu’il rappelait d’autres exilés parmi lesquels se trouvaient le maréchal Soult, le général Piré, M. Real. Le cri de de Serre n’avait été qu’une revendication de la dignité royale répondant à une injonction d’amnistie.

Rien n’était changé, — on pouvait du moins le croire, — et le lendemain comme la veille, le garde des sceaux restait le ministre à l’esprit résolu qui traçait comme un programme de libéralisme à la Restauration en disant à ceux qui lui reprochaient de trop innover, d’aller trop vite : « On crie à l’innovation! Quelle innovation plus grande parmi nous que l’introduction d’un gouvernement libre et constitutionnel? Où sont les hommes qui auraient assez peu réfléchi pour croire qu’une nouveauté pareille ne dût en amener une autre, pour penser que le système impérial avec toutes ses lois pût se conserver dans son intégrité et devenir l’appui de la liberté, le support naturel de cette monarchie protectrice de la liberté?... Lorsque votre gouvernement, après de longues méditations, cherche à établir par degrés l'harmonie entre les anciennes et les nouvelles institutions, ce gouvernement serait accusé d'être novateur!... Non, c'est graduellement, c'est avec maturité qu'il vous propose des changements aux institutions existantes. Et songez que de tous les dangers dont on voudrait vous inspirer la crainte, un des plus grands, sans contredit, serait de vouloir s'arrêter au milieu de la route, de vouloir conserver des institutions incohérentes, de sorte que l'esprit constitutionnel animât les unes et que l'esprit du pouvoir absolu respirât dans les autres... »

Si l'on avait le temps d'y songer, ces paroles n'auraient-elles pas leur application encore aujourd'hui après la chute d'un second Empire, après une autre période de désuétude pour les idées et les institutions libres?

VIII

Assurément cette politique modérée de 1819 qui avait perdu son chef en M. de Richelieu, qui avait retrouvé en de Serre ministre un généreux athlète,

cette politique n'avait pas été stérile. Elle avait
assez fait en trois ans de règne pour être jugée à
ses fruits et à ses œuvres. Déjà, à cette époque, la
France offrait le spectacle de cette facilité avec laquelle sa souple et vigoureuse nature pouvait échapper aux plus effroyables désastres nationaux. Non-
seulement elle avait pu arriver à payer ses rançons,
à dégager son territoire des occupations étrangères;
elle s'était de plus rapidement relevée dans sa vie
intérieure, dans ses intérêts, dans son crédit. Pour
la première fois depuis la Restauration, le budget
de 1819 touchait à l'équilibre : il n'était encore que
de 890 millions, — il n'avait pas doublé ce cap du
milliard qu'on devait saluer un jour, selon un mot
célèbre, pour ne plus le revoir !

La politique modérée avait eu le temps de se manifester par des actes caractéristiques, durables,
qui sont restés, pour ainsi dire, dans l'organisation
française, qui ont inauguré une tradition. La loi
militaire de 1818, cette grande réforme conçue par
Gouvion-Saint-Cyr, a été le commencement, le
fondement de l'armée nouvelle; elle était rappelée
hier encore. Et, qu'on le remarque bien, ce n'était
pas seulement la pensée d'un ministre de la guerre,
c'était la pensée de de Serre lui-même, écrivant au

général Desprez, son ami de jeunesse, qui avait été le chef d'état-major du maréchl Soult : « Le problème à résoudre me parait être un état militaire propre à maintenir notre indépendance sans ruiner nos finances, sans alarmer nos voisins, sans menacer notre liberté et nos mœurs. Le moyen me paraît être de faire l'armée aussi nationale et la nation aussi militaire que possible... » Le problème n'est-il pas encore aùjourd'hui tel qu'on l'entrevoyait alors?

Ces lois de la presse qui venaient d'être votées, qui donnaient aussitôt naissance à un essaim de journaux, ces lois de 1819 sont restées par elles-mêmes, par les belles discussions d'où elles sortaient, comme une lumière de libéralisme dans ce temps ancien. Depuis, elles ont été dix fois modifiées ; elles ont subi à chaque régime, à chaque crise, une série de restrictions ou d'aggravations par toutes ces lois successives de 1822, de 1828, de 1831, de 1835, de 1849, de 1852, de 1868, de 1871, de 1875, et dans ce chaos, où se perdaient naguère des réformateurs inexprimentés, l'œuvre première de 1819 est encore ce qu'on a fait de mieux. Et de Serre ne se contentait pas de relever la condition de la presse ; il proposait une loi sur la responsabilité des ministres, il préparait une réforme du Code pénal, des procédés d'instruction criminelle. M. Decazes, de son côté, pour l'amélioration du régime pénitentiaire, formait une commission où il plaçait M. de la Fayette auprès de M. Mathieu de Montmorency ; il créait les conseils généraux de l'agriculture, du commerce, des institutions qui ont duré ; il fondait les expositions de l'industrie. La politique modérée et ceux qui en étaient les ministres, sans être à l'abri des oscillations et des faiblesses, représentaient du moins, par tout un ensemble d'actions et d'inspirations, une bonne volonté libérale persistante à travers les contradictions des partis.

Que cette politique rencontrât une vive hostilité parmi les irréconciliables de la droite, c'était naturel. Elle avait été, depuis le 5 septembre 1816, elle restait une victoire sur les opinions et les passions des royalistes extrêmes. Les « ultras », exaspérés, lui rendaient guerre pour guerre. L'opposition, poursuivie avec violence par M. de La Bourdonnaye, avec plus de mesure, mais avec une habileté plus perfide et plus dangereuse, par M. de Villèle, par M. Corbière dans la Chambre des députés, Chateaubriand la continuait dans la presse avec la redoutable puissance de son génie et l'amertume de ses ressentiments. Chateaubriand n'avait par assez de sarcasmes pour le « système ministériel » qu'il accusait de n'être qu'un équilibre trompeur au profit de la Révolution. « Toutes les concessions sont faites à la Révolution, disait-il ; toutes les lois, du moins les lois principales, sont conçues dans le sens de l'opinion démocratique... Quand la loi des élections aura produit une Chambre tout à fait démocratique, quand la loi du recrutement aura corrompu l'esprit de l'armée, quand le système ministériel aura chassé tous les officiers royalistes, tous les magistrats royalistes, tous les administrateurs royalistes, une révolution pourrait être l'affaire d'une proclamation... » M. Decazes, de Serre et leurs amis du centre n'étaient que des démagogues déguisés, — on ne disait pas encore des radicaux latents, — et « un troupeau servile » ! Tout plutôt que le système ministériel, plutôt que des élections ministérielles ; tout, même des élections jacobines, et on ne se refusait pas à une alliance avec les jacobins contre le ministère !

Ces étranges royalistes combattaient avec la passion d'un parti évincé et impatient de reconquérir le pouvoir : ils étaient dans leur rôle d'ultras ! Ils ne voyaient pas que par leur haine de toute modération, par leurs polémiques gonflées de défis et de menaces de réaction, ils n'ébranlaient pas seulement un cabinet : ils rendaient la Restauration elle-même suspecte, ils donnaient des armes à ses adversaires en alarmant les opinions, les instincts, les intérêts issus de la Révolution.

Ce qui attirait à ce gouvernement modéré l'acharnement des « ultras » semblait fait, il est vrai, pour lui attirer d'un autre côté l'appui intelligent et prévoyant des libéraux réconciliés. C'était de la part de ceux-ci une politique naturelle et sensée de ménager un roi à la raison libre, un ministère bien intentionné qui ne reculait pas même devant l'idée de leur faire une place au pouvoir. Au souvenir des luttes de ce temps, un des plus éminents esprits, le vieux duc de Broglie, l'a écrit bien des années après : « Un tel roi, un tel ministère, il les fallait conserver comme la prunelle de l'œil. Il fallait non-seulement les maintenir, mais les maintenir dans leurs bonnes dispositions. Et pour cela il ne fallait ni les presser outre mesure, ni les effrayer mal à propos ; il fallait même leur passer beaucoup de fautes : on n'est un parti politique qu'à ce prix, on ne garde qu'à ce prix le terrain gagné. »

Malheureusement les libéraux avaient, eux aussi, leurs emportements ou leurs illusions. A mesure qu'ils regagnaient de l'influence par le cours de l'opinion, par les élections successives, ils s'enhardissaient. Ils formaient une gauche, une extrême gauche, où la haine des Bourbons devenait un mot d'ordre. Parmi eux, la conspiration était flagrante, organisée. M. de la Fayette, le partisan de toutes les insurrections, le gentilhomme au cœur généreux et à l'esprit vain, conspirait avec une inépuisable candeur. Manuel, le plus éloquent tribun et le plus habile tacticien, avait commencé par conspirer, puis il avait paru se calmer, et il finissait par rester irréconciliable. L'alliance des vieux révolutionnaires et du bonapartisme se nouait sous l'apparence des revendications nationales et parlementaires.

Le centre gauche ne conspirait pas; mais, en restant fidèle à la monarchie, en suivant à peu près le gouvernement, il ne se défendait pas lui-même de certains mouvements d'indépendance et d'humeur frondeuse, impérieuse. Les doctrinaires, noyau principal du centre gauche, étaient, selon le mot de M. Guizot, des alliés incommodes. Ils soutenaient le gouvernement en évitant de trop s'engager; sans se confondre avec la gauche, ils se sentaient parfois attirés vers elle. Et tous ces libéraux, à leur tour, ne voyaient pas que par leurs exigences, leurs motions ou leurs dissidences, ils affaiblissaient un ministère

qui était leur garantie, qu'en affaiblissant le ministère ils faisaient nécessairement les affaires des
« ultras ». Ils s'exposaient à effrayer le Roi, à compromettre cette loi même des élections par laquelle
ils s'étaient relevés, dont le cabinet restait le dernier
garant. Ils créaient la situation la plus fausse à un
gouvernement qui avait vécu jusque-là par l'appui
des hommes modérés de toutes les opinions et qui
pouvait se trouver d'un jour à l'autre avec ses forces
du centre diminuées entre deux camps tranchés.

Jeu éternel des partis, aveuglement des violents,
hésitations des modérés impuissants à se rallier et à
se défendre sur leur propre terrain : oh! la vieille
histoire qui est toujours nouvelle.

IX

Obligé de poursuivre sa marche entre les partis
extrêmes sous les feux croisés de toutes les hostilités, exposé aux coups de la droite et de la gauche,
sans savoir s'il garderait jusqu'au bout son armée,
le ministère ne désespérait pas encore. Il se flattait
ou il s'efforçait de faire bonne contenance, et à la

veille des élections de 1819, au mois d'août, de Serre écrivait au premier président de Lyon, M. de Bastard : « Nous sommes associés à une même tâche, difficile, mais glorieuse, celle de fonder les institutions de notre pays... Si je suis bien informé, les dispositions pour la prochaine élection seraient généralement assez bonnes. Il est dans nos calculs et dans nos espérances que de session en session l'esprit des collèges s'améliorera... » Tout tenait en effet à cela ; mais c'était justement le point obscur, le péril, parce que tout dépendait des passions engagées dans une lutte toujours incertaine, d'un incident imprévu , — un de ces incidents qui ne manquent jamais! Peu de jours après, à la mi-septembre, l'imprévu avait éclaté par le renouvellement annuel de 1819, par des élections qui assuraient une victoire signalée aux libéraux, en infligeant une déroute complète aux ultra-royalistes, une défaite partielle, mais sensible, aux ministériels purs.

Par elles-mêmes, après tout, ces élections n'avaient point un caractère général bien menaçant. Beaucoup de ces libéraux sortis du scrutin n'étaient des ennemis ni pour le Roi, ni pour le ministère, et le plus renommé, le plus brillant des nouveaux élus, le général Foy, envoyé à la Chambre par le département de l'Aisne, se hâtait d'écrire à de Serre, qu'il connaissait : « La dernière fois que j'ai eu l'honneur de vous voir à Paris, vous m'avez dit : Revenez député, et vous serez le premier militaire libéral que j'aurai rencontré!... J'espère réaliser l'espoir que vous avez conçu à mon égard. Ma doctrine politique repose sur deux bases également inébranlables : 1° le maintien de l'ordre social que les siècles ont amené, que la Révolution a déclaré, que la Charte a si heureusement consolidé; 2° les hauts principes de respect pour la liberté et pour la dignité morale de l'homme, qu'une bouche éloquente a développés avec tant de succès dans la dernière discussion sur la liberté de la presse...» Malheureusement, dans ce fatal scrutin, dont de Serre ne se serait pas ému s'il n'y avait eu que des hommes tels que Foy, tout s'effaçait devant un seul fait, l'élection d'un régicide, l'abbé Grégoire, qu'on était allé chercher dans son obscure retraite d'Auteuil pour en faire un député de l'Isère.

Chose plus extraordinaire et qui peint la violence des passions du moment, l'abbé Grégoire n'avait dû son élection qu'à un supplément de voix royalistes [1]. C'était la réalisation brutale de ce mot que

---

[1] Le fait ne pouvait pas être contesté. La plus simple ana-

Chateaubriand avait dit chez la duchesse de Duras :
« Il est indispensable de faire avaler au Roi quelques
jacobins pour lui faire rendre les ministériels qu'il a
dans le ventre. » Chateaubriand, après cela, pouvait accuser M. Decazes! Ce qu'il y avait de plus
clair, c'est que les « ultras » avaient cru habile,
pour frapper un grand coup, de se servir du nom de
Grégoire. Ce qu'il y avait d'également vrai et de
plus triste encore, c'est que les libéraux, qui pour la
plupart blâmaient cette candidature, n'avaient osé ni
la combattre ni la désavouer, et qu'ils s'étaient laissé
entraîner dans le piége d'une désastreuse victoire, au
risque de bouleverser toute une situation politique.

L'élection d'un ancien conventionnel qui passait
pour un régicide, quoiqu'il ne l'eût point été réellement, cette élection, en dépit de l'insignifiance de

lyse du scrutin dévoilait cette étrange combinaison. Au premier tour, — car il y avait eu un ballottage, — le candidat
de l'extrême droite, M. Planelli de la Valette, avait obtenu
210 voix; le candidat ministériel, M. Rognat, 350; l'abbé Grégoire, candidat de la gauche, 460. Au second tour, le nombre
de suffrages émis restant le même, M. de la Valette avait
110 voix, M. Rognat 362, — 12 de plus qu'au premier tour, —
et M. Grégoire atteignait 548. C'était clair : 88 voix du candidat de la droite s'étaient déplacées au profit de M. Grégoire.
Du reste, tout cela avait été arrangé par les meneurs des
deux partis dans l'intervalle des deux scrutins, et il n'y avait
point d'équivoque possible. Depuis, en fait d'alliances cho-
quantes d'immoralité entre partis extrêmes, on a pu voir
aussi bien, mais pas mieux!

l'homme choisi pour un tel rôle, avait la portée d'un événement [1]. Elle avait le malheur de ressembler à une offense calculée pour la royauté, à un défi de l'esprit révolutionnaire qui retentissait partout, non-seulement en France, mais en Europe, où la réaction, savamment conduite par M. de Metternich, organisait en ce moment même les répressions du congrès de Carlsbad.

L'effet avait été instantané et profond. « Le Roi,

[1] Par le fait, l'abbé Grégoire se trouvait en mission loin de Paris au moment du jugement de Louis XVI. Dans la lettre qu'il avait adressée à la Convention, de concert avec ses collègues en mission comme lui, il avait approuvé la déchéance, une condamnation, — non la « condamnation *à mort* », ainsi qu'on l'en accusait en ajoutant ce dernier mot à sa lettre. Voilà strictement la vérité. Du reste, on ne peut plus guère avoir l'idée de l'effet que pouvait produire en 1819 la réapparition dans la politique d'un conventionnel. M. Quinet a dit : « J'ai vu en 1830 le retour des conventionnels exilés depuis 1815 ; ce souvenir me navre encore au moment où j'écris. Personne ne leur tendit la main ; ils reparurent étrangers dans leur propre maison ; leur ombre toute seule eût fait plus de bruit... Ils voulurent entrevoir leurs provinces natales, où ils avaient autrefois été honorés, applaudis ; pas un seul ne s'ouvrit à eux. Le séjour leur devint bientôt insupportable. Après s'être convaincus qu'ils étaient incommodes aux vivants, ils se retirèrent à l'écart, dans quelque abri obscur... » — Je me souviens d'avoir vu moi-même dans mon enfance un de ces conventionnels régicides, fort honnête homme d'ailleurs, habitant sa ville natale du Midi. Il avait peu de relations hors de sa famille, et se promenait habituellement seul. Les vieilles femmes se signaient presque en le voyant passer, et l'on se servait de son nom pour effrayer les enfants. — C'est un phénomène curieux dans notre histoire.

écrivait de Serre le lendemain, le Roi nous a parlé ce matin avec autant de dignité que de courage sur le déplorable choix de l'Isère. » Louis XVIII savait, il est vrai, à qui il devait cette élection dont il sentait l'intention blessante; il ne se laissait point ébranler dans son amitié confiante pour M. Decazes, et il voyait presque dans la défaite des « ultras » une compensation du succès des libéraux : sous ce rapport, le coup dirigé contre le ministère avait manqué le but. Le résultat n'était pas moins de mettre les royalistes de toutes nuances en « grande vibration », selon le mot du garde des sceaux, d'obliger en quelque sorte le cabinet à faire quelque chose et de raviver toutes les questions de direction politique, de gouvernement, à commencer par celle de la loi des élections, qui après cette épreuve nouvelle semblait jugée.

Les excitations ne manquaient pas au ministère; elles se résumaient dans les objurgations effarées et amères que M. de Wendel, qui se faisait l'écho d'une partie de la droite, prodiguait au garde des sceaux. « Ce qu'il y a de plus affreux dans tout cela, disait le terrible censeur, c'est que vous voilà arrivé à vous asseoir très-près de Grégoire et à voter presque avec lui, en dépit de tous vos bons sentiments et de tout ce que j'avais reconnu de si excellent en vous. Oh! s'il en est temps encore, adoptez une marche saine ; ne vous livrez plus à des théories, belles sans doute, mais qui coûteront tant à votre pays. Vous ne gouvernerez pas avec votre loi sur la presse, vous ne marcherez pas avec votre loi d'élections. Vous trébucherez et pis encore, en vous appuyant sur les hommes qui massacrèrent les vôtres... » Et de Serre, à son tour, répondait, non sans émotion, mais sans faiblesse : « Pendant la durée de la tourmente, la confiance en ceux qui sont au timon est une loi du salut. Eux seuls peuvent juger avec calme et de sang-froid le moment opportun à la manœuvre que toute impatience de l'équipage confondrait infailliblement. Que si l'on trouve d'autres timoniers, j'y souscris pour mon compte et je travaille sous eux... »

Les esprits se montaient dans l'intimité comme dans les discussions publiques.

X

La question était de savoir ce qu'il y avait vraiment à faire. Elle saisissait, pour ainsi dire, le conseil dès le premier jour, et par une fatalité de la situation, la crise qui avait signalé la fin de 1818 se trouvait rouverte, à un an d'intervalle, dans des conditions aggravées, sous la pression d'un incident de scrutin qui enflammait toutes les passions. Si chez tous les ministres il y avait les mêmes préoccupations inquiètes, le même sentiment d'un gros embarras imprévu et mal venu, les opinions restaient assez divisées sur le point essentiel, — cette loi des élections, dont le maintien avait été, une année auparavant, un des articles du programme du cabinet.

Le général Dessoles, le maréchal Gouvion-Saint-Cyr, le baron Louis, hésitaient devant une réforme où ils voyaient une sorte d'inconséquence ; ils cherchaient d'autres moyens sans avoir une initiative réelle et même sans savoir toujours parfaitement le secret des choses. Au fond, tout reposait sur les deux hommes qui représentaient l'action, la direction dans le gouvernement, M. Decazes et de Serre. L'un et l'autre sentaient la nécessité d'un effort décisif pour rassurer les inquiétudes sincères sans livrer la politique modérée à laquelle ils demeuraient attachés, dont le Roi lui-même ne voulait pas s'écarter. Dès le début de la crise, ils s'étaient mis à l'œuvre, et, en fin de compte, celui qui pouvait passer entre tous pour l'arbitre de la situation était encore le garde des sceaux, dont l'esprit ardent et réfléchi embrassait dans son intégrité le problème du moment.

Je voudrais préciser cette situation et ce que j'appellerai l'état psychologique de celui qui, par l'autorité du talent et de la résolution, prenait le premier rôle en plein orage. A la vérité, de Serre, comme tous ses collègues du ministère, avait accepté le maintien de la loi des élections, et, en proposant maintenant une réforme, il semblait se contredire. Il se mettait au-dessus de cet inconvénient d'autant plus aisément que cette loi du 5 février 1817 ne lui avait jamais paru à lui-même un idéal. Il avait d'autres opinions, à la fois originales et fortes, qui n'avaient pas prévalu.

A la veille de la discussion, il avait écrit à M. Lainé, alors ministre de l'intérieur, ces mots significatifs : « Que demandera toujours le despotisme, sous quelque forme qu'il se présente? Un sol tellement nivelé que rien n'échappe à ses regards, une masse de peuples tellement pulvérisés en individus qu'aucun ciment d'intérêt commun ne les réunisse pour limiter son action... » Il aurait voulu un système électoral prenant pour « base » un certain groupement d'intérêts libéralement coordonnés, et il ajoutait : « De nos jours, en France, l'esprit de système et d'une fausse égalité a repoussé cette base. Il a paru plus commode de dénombrer les habitants, de supputer leurs cotes d'imposition et de les ordonner uniformément sur toutes les cases du territoire, sans égard à la diversité de leurs intérêts, de leurs sentiments. On sait ce qu'a produit depuis vingt-cinq ans cet ordre apparent, ce pêle-mêle, ce chaos réel... » C'est lui aussi qui un jour, dans une fière inspiration, lançait cette image, dont notre histoire a fait plus d'une fois une réalité : « N'avons-nous pas vu combien le despotisme pouvait mener son char à l'aise, les rênes tendues et le fouet levé, sur l'aire aplanie et nivelée? »

En un mot, de Serre était un libéral redoutant
pour la liberté même les excès du nivellement démocratique, et il avait toujours craint que la loi des
élcctions, telle qu'elle avait été faite, ne fût un
premier pas dans cette voie. Sans doute, il avait
accepté cette loi devenue une expression de la politique régnante, il l'avait même énergiquement défendue contre les « ultras » ; il ne se sentait nullement
obligé, ni par ses devoirs ni par ses opinions, de la
maintenir à outrance au profit des révolutionnaires,
le jour où les révolutionnaires la compromettaient
par une manifestation pleine de menaces. Il se
croyait dégagé ; seulement — et voici où l'homme
se caractérisait, — de Serre, en acceptant l'idée
d'une réforme, ne voulait point en faire un moyen
de réaction, un expédient de circonstances. Il élar-
gissait, il transformait le problème de façon à concilier les garanties conservatrices qu'on croyait
nécessaires avec un développement nouveau du
régime constitutionnel. Il croyait atteindre son but
par deux choses : un plan général de réorganisation parlementaire dont le système d'élections
n'était plus qu'une partie, et une grande combinaison
ministérielle ralliant autour de la politique du 5 septembre, raffermie et reconstituée, toutes les forces

libérales et monarchiques des deux centres, même de la droite et de la gauche modérées. C'était la tentative généreuse d'un esprit hardi procédant hautement, sans arrière-pensée de réaction.

Le plan de réforme constitutionnelle méritait certes le succès. De Serre avait trouvé un complice d'élite dans un homme jeune encore, qui avait déjà brillé à la Chambre des pairs, qui avait paru d'abord un peu engagé dans le libéralisme avancé, mais qui n'avait pas tardé à se rapprocher des modérés, le duc Victor de Broglie. Le garde des sceaux avait mis toute sa cordialité à attirer le duc de Broglie dans les commissions où il préparait ses projets libéraux ; le duc de Broglie, de son côté, avait été promptement séduit par la supériorité du ministre, et la jeune duchesse, fille de madame de Staël, partageant les sympathies comme les idées de son mari, se plaisait, elle aussi, à rechercher l'intimité de de Serre. Elle servait quelquefois de secrétaire pour les grâces à obtenir en faveur des condamnés politiques, dont l'un en ce momment même était Arnold Scheffer, le frère des deux peintres Ary et Henry Scheffer, — et pour cette dernière grâce, elle se chargeait de transmettre à la chancellerie la « vive reconnaissance » de M. de la Fayette. — « J'aurais pu, ajoutait-elle gracieusement, charger mon mari de cette commission ; mais vous me pardonnerez si j'ai été bien aise de saisir cette occasion pour joindre les sentiments que j'éprouve à ceux que j'exprime au nom d'un autre... »

De Serre et le duc de Broglie, liés d'une sérieuse amitié, avaient travaillé ensemble, et de cette coopération, tenue secrète pendant quelques jours, sortait un projet « sur l'organisation de la législature », qui ressemblait moins à une loi qu'à un complément de la Charte. Le projet embrassait diverses parties de l'organisation publique. Il donnait à la législature le nom de « parlement de France ». Il se proposait de dégager les délibérations des assemblées des formes méticuleuses léguées par l'Empire pour les rapprocher de ce qui existait dans le parlement anglais. La pairie devait être fortifiée de façon à avoir plus d'indépendance et d'autorité.

Le point grave restait toujours nécessairement dans la formation de la Chambre des députés, dont les membres devaient être désormais élus pour sept ans et qui serait soumise au renouvellement intégral. La nouveauté surtout était dans le fractionnement des circonscriptions électorales, dans la combinaison des colléges électoraux d'arrondissement

et d'un collége supérieur de département. C'était
là le point délicat, parce qu'on touchait forcément
à la Charte, parce qu'on remuait une fibre toujours
délicate, celle de l'égalité, par l'altération de l'unité
de vote; mais en même temps la compensation
était dans l'accroissement de la représentation
nationale élevée au chiffre de 456 députés, dans
l'abaissement de l'âge de l'éligibilité, dans l'organisation plus ample et plus efficace des délibérations
publiques. En un mot, s'il y avait la part faite aux
intérêts conservateurs, aux préoccupations conservatrices, même aux ombrages des royalistes sensés
qu'on désirait rallier, rien dans ce projet ne laissait
voir un dessein de réaction : tout semblait conçu de
manière à favoriser l'affermissement pratique, le
progrès régulier des institutions libres.

Ce n'était pas tout cependant d'avoir préparé
avec art un plan qui pouvait passer pour une expression savante du libéralisme conservateur : il fallait
le faire réussir, et c'est là qu'intervenait la grande
combinaison ministérielle, devenue d'autant plus
nécessaire que la dissidence persistante du général
Dessoles, du baron Louis, du maréchal Gouvion-
Saint-Cyr, ne laissait plus au cabinet d'autre alter-
native que de tomber tout à fait ou de se relever

plus fort. C'est là aussi que commençait tout un drame intime, entrecoupé, plein de péripéties, qui mettait en jeu les hommes avec leur caractère, avec leurs mobiles, et qui, à travers ces lettres publiées aujourd'hui, à soixante ans de distance, semble encore vivant.

XI

L'idée d'un grand cabinet était le complément nécessaire et juste de l'œuvre qui se préparait. On voulait, par le dédoublement de quelques-uns des ministères, arriver à réunir avec M. Decazes et de Serre, — d'une part M. Royer-Collard, le duc de Broglie, d'un autre côté M. Pasquier, M. Roy, même M. Mollien, M. Daru, — le tout sous les auspices et la direction du duc de Richelieu. On pensait ainsi créer une représentation parlementaire du gouvernement assez large et assez puissante pour dominer toutes les difficultés. C'était la reconstitution au pouvoir de l'alliance des forces modérées. M. Decazes et de Serre, de plus en plus unis dans l'action, y mettaient tout leur feu, négociant avec les uns et avec les autres, renouant des fils toujours prêts à se rompre, appuyés par le Roi, qui les secondait dans leur projet comme dans leurs efforts.

La première condition, tout le monde en convenait, Royer-Collard plus que tout autre, était d'avoir M. de Richelieu, qui par malheur voyageait pour le moment en Hollande. Le Roi se chargeait de faire appel au patriotisme du duc de Richelieu, et par le même courrier M. Decazes exposait à l'ancien président du conseil la situation tout entière, la crise ministérielle, le dessein qu'on avait formé, les combinaisons, les alliances sur lesquelles on comptait. M. Decazes allait au-devant de tout, et il ajoutait en termes pressants : « Nous avons demandé au Roi de nous faire connaître ses volontés ; il nous a ordonné de rester fidèles à nos idées qu'il partage... Nous avons dû alors lui demander un chef et des collègues. Ce chef ne peut être que vous. Vous seul pouvez rallier à ce *plan* tous les ultras de bonne foi, nous donner au dedans et au dehors la considération dont nous avons besoin. Nous avons fait ensemble le 5 septembre et la loi des élections, nous avons le devoir de faire ensemble ce qui doit être le complément de l'un et de l'autre... »

Le duc de Richelieu, sans laisser d'être un peu surpris de certaines parties du programme, sans rien désapprouver néanmoins, se montrait peu disposé à rentrer au ministère, et témoignait plus de défiance de lui-même que d'ambition du pouvoir. Il répondait de la Haye dans des termes tels que de Serre se plaisait à dire « qu'il n'existait pas au monde un être plus loyal » ; mais il laissait peu d'espoir. De Serre ne voulait pas désespérer encore ; il essayait de se persuader à lui-même qu'un appel nouveau et plus pressant du Roi serait plus heureux, et, à la lecture des lettres du duc de Richelieu, il écrivait à M. Decazes avec l'animation d'un homme plein de sa pensée : « Vous savez, mon cher ami, que je me sens le courage de tout entreprendre avec vous pour le service du Roi et le salut du pays ; mais, à la veille d'accomplir des desseins dont la nécessité seule acquitte à mes yeux l'immense responsabilité, nous aurions trop de reproches à nous faire si, rebutés d'une première tentative, nous ne revenions pas à la charge pour obtenir un renfort que je crois décisif. Le plus difficile est fait, c'est qu'il approuve nos projets ; on ne peut les approuver sans faire *tout* sans exception, tout ce qui pourra les faire réussir... » Le duc de Richelieu se serait peut-être laissé gagner par ce feu, si, au lieu d'être à la Haye, il eût été à Paris.

Ce n'était là naturellement qu'une partie de ces négociations fiévreuses qui remplissaient quelques journées de novembre 1819. En même temps qu'on recherchait si vainement sur les routes de la Haye le patronage du duc de Richelieu, le travail continuait sous toutes les formes à Paris. On ne pouvait éprouver d'embarras avec M. Pasquier, qui était acquis d'avance à la combinaison et qui avait été déjà ministre. La question devenait plus épineuse avec le duc de Broglie, qu'on désirait vivement s'attacher comme un des défenseurs naturels du projet de réforme constitutionnelle qu'il avait contribué à préparer, mais dont l'entrée aux affaires offrait des difficultés qu'il se hâtait lui-même de signaler.

Le duc de Broglie, après avoir été le collaborateur intime du garde des sceaux, ne reculait pas devant la responsabilité de ce qu'il avait fait. S'il y avait des dangers, il était prêt à les courir; si l'on persistait à le juger utile, il acceptait le poste qu'on lui destinait, l'administration de la guerre, qui devait être séparée du ministère de la guerre proprement dit. Avant tout seulement il se faisait un devoir d'écrire à de Serre une longue lettre pleine de droiture, de modestie, de clairvoyance politique, où il

exposait ses doutes. Il parlait surtout du peu de
secours qu'il porterait au ministère, faute d'une
expérience suffisante, d'un nom assez autorisé et
d'un talent assez éprouvé. Il y avait une autre raison
intime qui pesait sur son esprit et qu'il ne disait pas,
qu'il n'a avouée que depuis : c'est que le second
mari de sa mère, M. Voyer d'Argenson, homme aimé
et respecté de sa famille pour ses qualités de cœur,
rêveur socialiste comme son aïeul du dix-huitième
siècle, était bien avec M. de la Fayette le plus infa-
tigable conspirateur du temps. Le duc de Broglie ne
l'ignorait pas. S'il entrait au gouvernement, il pouvait se trouver tout à coup entre son devoir et son
affection pour celui en qui il voyait un second père :
que ferait-il? C'est là ce qu'il taisait en exposant les
motifs politiques de ses hésitations.

La lettre qu'il avait écrite avait ému de Serre;
elle avait aussi frappé le Roi, qui déclarait l'avoir lue
« avec une satisfaction peu commune », et qui, en
reconnaissant la puissance de quelques-unes des
considérations invoquées par le duc de Broglie, avait
le bon goût de n'être pas de son avis sur ses talents.
« Malgré mes soixante-sept ans, disait le Roi, j'espère vivre assez pour employer au service de l'État
des talents que lui-même ne se contestera plus... »

De sorte que par des raisons, les unes avouées, les
autres déguisées, un des futurs ministres sur qui
l'on comptait se trouvait encore impossible; mais là
où la question se compliquait, c'est dans les négociations avec Royer-Collard, à qui l'on destinait un
nouveau ministère formé avec la direction de l'instruction publique, qui serait détachée de l'intérieur.

Rien n'était aisé avec le puissant doctrinaire qui,
plus que tout autre, personnifiait le centre gauche.
Dès le premier instant, dans la pensée des deux
ministres qui conduisaient la négociation, qui d'heure
en heure échangeaient leurs impressions, Royer-Collard avait été un des hommes nécessaires, un de
ceux qui devaient maintenir la signification libérale du
cabinet en lui donnant la force de sa parole. « Tout
est dans Royer maintenant! écrivait M. Decazes à de
Serre; il faut que vous le décidiez. Il ne peut reculer devant la batterie et la brèche. Qu'il ne pense ni
à la majorité ni à la minorité, mais à la loyauté de
ses amis. J'ose dire qu'il ne devrait pas craindre...»
Malheureusement Royer-Collard n'était pas si facile
à fixer, et en se sentant lié d'idées, d'instincts, de
préoccupations, de fortune politique avec ses amis,
il se défendait; il mettait à se rendre impossible

autant de soins que d'autres en mettent à se glisser dans toutes les combinaisons.

Homme aux facultés éminentes, plus amoureux d'influence que de pouvoir, plus porté à la critique superbe qu'à l'action, Royer-Collard avait de la peine à prendre un parti. Il approuvait et il n'approuvait pas, il élevait des difficultés sur tout, déployant une prépotence inquiète, embarrassante et inutile. Tantôt il paraissait céder, et de Serre, le prenant au mot, se hâtait d'écrire à M. Decazes : « Royer me quitte. Je lui ai développé les mesures ; sans adopter, il ne rejette pas. Les personnes, *ça* l'arrangerait, et il prendrait *l'instruction publique décorée de la partie scientifique et littéraire* dont vous seriez *heureusement* dégagé !... » Tantôt Royer-Collard se laissait ressaisir par ses doutes, par ses répugnances, à l'égard de certains hommes, notamment M. Pasquier, par la crainte de paraître se désavouer en abandonnant la loi des élections, — et il ne voulait plus ! Il se dérobait, il se barricadait derrière les objections, et quand on lui montrait le danger que son esprit supérieur ne méconnaissait pas, il s'écriait : « Eh bien ! nous périrons, c'est aussi une solution ! »

Un moment, au milieu des incertitudes de ces jours agités, M. Decazes, croyant être un obstacle ou un sujet d'ombrage pour Royer-Collard, offrait de s'effacer, et il allait jusqu'à écrire à de Serre : « Si Royer ne peut s'entendre avec moi, j'espère que vous n'hésiterez pas à accepter mon dévouement qui sera aussi utile à la chose en dehors qu'en dedans et qui ne sera que plus actif et plus zélé... Ayez le courage de vous unir complétement à ce qui vous donnerait le centre gauche, et reposez-vous sur moi du centre droit, que je vous donnerai autant qu'il sera en moi, en combattant pour vous comme volontaire et de toute mon âme... Il faut que Royer fasse avec vous, puisqu'il croit avoir vos maximes, ou qu'il laisse faire... » De Serre répondait aussitôt avec vivacité que le dévouement plus que jamais consistait à rester. Il entendait marcher avec son collègue, tout en s'épuisant en efforts pour amener Royer-Collard à entrer dans l'alliance.

Jusqu'au dernier moment il refusait de désespérer, et au plus vif de la crise, sous le coup des déceptions et des difficultés qui se multipliaient, il écrivait encore : « Je vais voir Royer ce soir. Il nous faut demain nous mettre tous trois en conclave et n'en pas sortir que nous n'ayons fait un pape. Nous aurons bien du mal, mais cachons à tous les yeux les douleurs de notre enfantement... » L'enfantement était douloureux en effet : on avait beau se mettre en conclave, on n'avait pas fait le pape qu'on voulait ! Il fallait cependant arriver à un résultat, et, puisqu'on ne pouvait avoir ni le nom du duc de Richelieu, ni le jeune talent du duc de Broglie, puisque Royer-Collard ne pouvait pas se décider, tout finissait le 19 novembre par un ministère où M. Decazes avait la présidence du conseil, où de Serre restait garde des sceaux, où enfin, à la place du général Dessoles, du baron Louis, du maréchal Saint-Cyr, entraient M. Pasquier, M. Roy, le général de Latour-Maubourg.

XII

On avait tout essayé, on n'avait pas réussi. Quand le lendemain paraissait l'ordonnance nommant le nouveau ministère, Royer-Collard se récriait et se plaignait amèrement à de Serre : « Je reçois le *Moniteur,* mon cher ami ; comment vous exprimer ma surprise et ma douleur? Je n'étais pas préparé, quoique je le fusse à d'étranges choses, à vous voir *présidé.* Vous seul me désespérez ; le reste, après tout,

est réparable. Pardon si je vous afflige; je vous aimerai toujours, et *je serai assurément fidèle à l'homme ; mais l'adhésion à ce ministère est impossible...* »
Pour le coup, de Serre ressentait une certaine impatience, et aussitôt il répliquait avec la vivacité d'une amitié toujours confiante, mais sévère : « En refusant d'entrer, vous avez fait, nécessairement fait le ministère ce qu'il est. Ne vous en prenez donc qu'à vous-même. J'ai pu présider, je l'ai refusé. Je pense que mon instinct et ma raison ne m'ont point trompé. — *Je n'ai guère vu encore adhérer à des hommes.* Il s'agit aujourd'hui vraiment de bien autre chose. Pour moi, je suis dévoué et ne m'en plains pas, puisque j'obéis à ma conscience et à ma conviction ; je n'ai le droit d'attendre l'assentiment que de ceux qui la partageront. Si Dieu a résolu que le pays fût sauvé par de faibles mains, nous le sauverons ; sinon, il en suscitera de plus fortes. Dans tous les cas, je vaincrai ou périrai votre ami. »

Pour la première fois éclatait entre les deux amis une incompatibilité qui, sans avoir encore rien d'irréparable, risquait de s'aggraver, et dans les paroles du garde des sceaux on sentait l'amertume de l'homme qui croyait avoir été abandonné au moment du péril.

Ce qu'il y avait de clair, c'est qu'on restait avec un minitère qui ne ressemblait pas à celui qu'on avait rêvé, avec un grand projet de réforme nécessairement moins assuré du succès, en face d'une session qui, après avoir été ajournée par la crise, allait s'engager dans des conditions difficiles. Cette session même, le Roi l'ouvrait par un discours habilement calculé où il parlait de « l'inquiétude vague, mais réelle, qui préoccupait les esprits », où il laissait entrevoir, au moins dans ses traits généraux, la réforme qu'il représentait comme le complément de son ouvrage, — la Charte! Le discours du Roi posait la question sans la préciser, sans la décider; il la livrait à la discussion publique, à l'ardeur des partis mis en présence dans le parlement.

Qu'allait-il arriver? Une certaine confusion régnait visiblement dans la Chambre à peine ouverte. Les royalistes se montraient peu satisfaits de l'issue de la dernière crise et assez réservés à l'égard des propositions du gouvernement; les libéraux redoutaient les projets qu'ils ne connaissaient pas, et ils engageaient les hostilités. Le ministère ne se hâtait pas. Il laissait passer une discussion pénible sur l'élection de l'abbé Grégoire, qu'un vote d'invalidation faisait disparaître; il laissait aussi passer l'adresse, qui finissait par être insignifiante. Il attendait; au moment de se jeter dans la mêlée, il semblait hésiter, et quelques-uns des ministres auraient peut-être consenti à des transactions, à des expédients. De Serre, lui, maintenait ses idées, déclarant tout changement de plan ruineux. « Pensez, écrivait-il vivement à M. Decazes, que la moindre hésitation nous décrédite et nous perd. Quel défaut de conviction, quelle légèreté, quelle inconstance n'annoncerions-nous pas si, pour la première idée venue, on nous voyait prêts à abandonner un plan pour lequel un ministère s'est dissous, un ministère s'est formé, pour lequel nous n'avons pas craint d'émouvoir la France entière!.. » On s'observait en perdant les jours, on arrivait aux premières semaines de 1820, lorsque coup sur coup deux incidents venaient encore une fois bouleverser la situation.

Au milieu de ces préliminaires d'une lutte décisive, en plein travail, de Serre se trouvait frappé soudainement dans sa santé. Les premières atteintes qu'il avait éprouvées à la poitrine s'aggravaient à l'improviste et le condamnaient à quitter, au moins momentanément, le champ de bataille où il brûlait de paraître. Vainement il se roidissait contre le mal croissant et montrait à tous « une résolution à toute

épreuve »; vainement il disait d'un accent émouvant :
« Je me rendrai à la Chambre et y lutterai jusqu'à
perte d'haleine... » les médecins lui interdisaient
la tribune et déclaraient qu'il ne pouvait rester à
Paris, qu'il devait se hâter de partir pour Nice, où
quelques semaines de repos sous un ciel plus clé-
ment pourraient lui rendre la force. Chaque heure
de retard empirait son état.

C'était de toute façon le contre-temps le plus cruel
qui pût frapper le gouvernement. Sans doute il laissait son nom, je dirai presque son image, au ministère, dont il ne cessait pas d'être le garde des
sceaux; le nom et l'image ne suffisaient pas pour
combattre. « La maladie de M. de Serre, écrivait
M. Decazes à M. de Metternich, nous fait un mal
extrême. Il y a dans le projet de loi des dispositions
que lui seul peut défendre convenablement, parce
qu'il les a conçues et méditées... » D'un autre côté,
les malveillants, les ennemis, se hâtaient déjà d'exploiter contre le ministère le départ du garde des
sceaux, qu'ils affectaient de représenter comme dé-
sertant la partie. C'est M. Pasquier qui le disait;
mais il n'y avait point à disputer avec un mal redoutable, et le Roi lui-même, en se rendant à la nécessité, adressait à son plus cher confident, au prési-

dent du conseil, ces quelques mots attendris dignes de l'homme qu'ils concernaient : « Vous jugerez facilement de la peine avec laquelle j'ai appris la décision des médecins au sujet de M. de Serre. Je sens vivement le mal de son absence; mais une raison sans réplique me porte à appuyer l'avis de la Faculté : le temps se répare, il est des hommes qu'on ne retrouve point. »

Ce que le roi Louis XVIII disait de son ministre, tout le monde le sentait. On ne pouvait voir sans émotion et sans une secrète inquiétude disparaître ce lutteur de la parole et de l'action au moment où il semblait le plus nécessaire. De Serre partait le 26 janvier 1820; il s'éloignait la mort dans l'âme, les yeux incessamment tournés vers Paris, accompagné des sympathies de ses adversaires comme de ses amis. A peine cependant avait-il touché Nice que derrière lui, dans ce Paris qu'il venait de quitter, éclatait un événement bien autrement grave et imprévu que la maladie d'un ministre. Le soir du 13 février, le poignard d'un séide de faction frappait au seuil de l'Opéra le duc de Berry, et cette œuvre du fanatisme révolutionnaire avait une bien autre portée que l'élection de Grégoire; elle avait le funeste effet de tout remettre en question. Elle imprimait une commotion furieuse aux passions royalistes, et dans le sang d'un prince assassiné se renouait la plus grave des crises pour cette politique modérée qu'on défendait si péniblement, pour les institutions, pour le ministère, pour celui-là même qui était allé chercher un moment de repos en attendant des luttes nouvelles.

III

LA CRISE DE LA POLITIQUE MODÉRÉE.
DE SERRE, LE SECOND MINISTÈRE RICHELIEU
ET LES DOCTRINAIRES.

I

C'est la fatalité des grands crimes de perdre le
plus souvent les causes qu'ils prétendent servir et
de créer des situations violentes où l'esprit de modération est la première victime. Lorsque le soir du
13 février 1820, à la sortie d'une fête de théâtre,
le poignard d'un fanatique frappait celui qui semblait être alors le dernier héritier direct de la
royauté, il n'atteignait pas seulement un prince, il
frappait une politique et ceux qui représentaient
cette politique. « Nous venons d'être tous assassi-
nés », écrivait M. Decazes à de Serre dans le pa-
roxysme de l'émotion, — et il ne se trompait qu'à

demi, au moins quant à lui-même, quant à sa position de premier ministre. Avant que de Serre eût reçu à Nice la sinistre nouvelle, l'orage s'était déchaîné à Paris, emportant dans un tourbillon de haines et de colères de parti le chef du cabinet, qui semblait expier par une chute soudaine l'éclat d'une fortune trop extraordinaire pour n'avoir pas excité l'envie.

Destinée singulière d'un homme qui a dû à des circonstances exceptionnelles de marquer par sa disgrâce une heure décisive de l'histoire! Depuis quatre ans tout au plus, M. Decazes avait paru sur la scène. Élevé rapidement de la préfecture de police à la présidence du conseil par l'attachement de Louis XVIII, qui voyait en lui son œuvre et sa création, ministre du goût et du cœur du prince, il avait été certainement au pouvoir le serviteur habile, séduisant et dévoué d'une patriotique pensée d'alliance entre la Restauration et la France nouvelle. Son crime, irrémissible aux yeux des « ultras », était d'avoir préparé, conseillé plus que tout autre l'ordonnance du 5 septembre 1816, et d'être resté le représentant d'une politique qui avait dépossédé une majorité royaliste. On ne lui pardonnait ni une fortune qui offensait la vieille noblesse de cour, ni une faveur dont il n'usait que dans un intérêt de modération humaine et libérale. L'élection de Grégoire avait été une première épreuve pour son crédit. L'assassinat du duc de Berry devenait aussitôt le signal du plus effoyable assaut organisé partout, sous toutes les formes, pour arracher au Roi le favori qu'on accusait d'être le complice des révolutionnaires et des régicides, qu'on ne craignait pas de menacer tout haut du sort d'un maréchal d'Ancre!

Pendant quelques jours, les passions les plus violentes s'acharnaient contre un seul homme. Vainement M. Decazes, ému lui-même des périls de la monarchie, essayait de tenir tête et de désarmer ces fureurs en se hâtant de proposer, avec la loi des élections qui avait été préparée, qui devait être présentée le 14 février, deux lois nouvelles d'exception, l'une sur la suspension de la liberté individuelle, l'autre sur le rétablissement de la censure des journaux. Les royalistes, âpres à saisir l'occasion, dédaignaient ces demi-satisfactions; ils voulaient bien les lois de sûreté, ils ne voulaient pas en laisser l'exécution à celui qu'ils appelaient outrageusement le « Séjan libournais », contre qui un énergumène de la droite, M. Clausel de Coussergues, avait lancé dès la première heure une motion de mise en accusation. Aux projets ministériels, on opposait la menace des coalitions, des hostilités parlementaires. Aux résistances du Roi, fidèle au président du conseil et vivement irrité des injures qui, à travers son ministre de cœur, allaient jusqu'à lui, on opposait de pathétiques scènes de famille. Le comte d'Artois, la duchesse d'Angoulême, égarés par les excitations de leur petite cour, ne craignaient pas d'aller se traîner, couverts de deuil, aux genoux de Louis XVIII, en le suppliant de sacrifier M. Decazes, et Louis XVIII, dans une agitation extraordinaire, disait quelques instants après à son ministre : « Ce n'est pas à vous qu'on en veut, c'est à moi... On veut nous séparer, on n'y réussira pas! »

La lutte s'aggravait d'heure en heure. Malgré tout, M. Decazes, fort de l'appui du Roi, aurait sans doute défié les assauts jusqu'au bout, s'il avait pu compter sur ses anciens alliés du centre gauche dans le parlement, s'il avait pu obtenir avec eux et par eux le vote de ces lois d'exception dont il croyait avoir besoin, qu'il s'était hâté un peu imprudemment d'offrir comme un gage aux émotions du moment ; mais Royer-Collard et ses amis, sans

s'associer aux iniquités vindicatives des « ultras »,
restaient eux-mêmes méfiants et inquiets. Ils n'a-
vaient pas été consultés, — c'était toujours la grande
raison ! Ils refusaient de suivre le président du conseil dans la voie où il paraissait s'engager avec les lois
d'exception, surtout avec la loi des élections. Dès lors
M. Decazes se sentait perdu au milieu des partis,
entre les royalistes, qui poursuivaient à outrance
sa chute, et les libéraux, qui l'abandonnaient en
plein combat. Il ne pouvait plus rien, il reconnaissait qu'il n'était plus qu'un obstacle, et, après
quatre jours d'orages intimes, de déchaînements
violents, ce drame étrange touchait à sa suprême
péripétie. Le Roi, vaincu par la nécessité, finissait
par consentir à la retraite de son ministre favori ; il
ne se séparait néanmoins de M. Decazes qu'avec
une sorte de déchirement, en le comblant de fa-
veurs nouvelles, en le faisant duc, ambassadeur à
Londres. En même temps, sans toucher au reste
du ministère, il rappelait pour la seconde fois à la
présidence du conseil le plus modéré des royalistes,
le duc de Richelieu, que l'attrait du danger décidait
encore plus que le goût du pouvoir.

Louis XVIII, même en cédant, gardait la décence
de la royauté, et c'est ainsi que se dénouait cette

crise de 1820, provoquée par l'acte solitaire d'un
meurtrier, aggravée et envenimée par les fureurs
des « ultras », précipitée par l'abandon des libéraux, caractérisée au dernier moment par la dispa-
rition subite et définitive du ministre tout-puissant
de la veille. « Je plains profondément M. Decazes,
écrivait Royer-Collard, — qui n'avait pourtant pas
nui à sa chute ; — vous savez que j'ai toujours aimé
l'homme... Il est parti, *comptez* qu'il ne reviendra
pas. »

II

Était-ce un dénoûment? L'éclipse de M. Decazes
ne pouvait guère être considérée que comme le signe
d'une transition encore indécise. Un homme avait
disparu ; il n'avait pas glissé dans le sang, comme
l'avait dit Chateaubriand avec la férocité du génie ;
il avait disparu dans une tempête de passions ini-
ques ; — la situation restait avec ses complications
et ses troubles. Le ministère, il est vrai, n'avait
subi d'autre changement que la réapparition de M. de

Richelieu à la présidence du conseil et l'entrée de M. Siméon à l'intérieur. Il ne voulait pas ou il ne croyait pas dévier de la politique de modération. Le Roi se plaisait toujours à répéter qu'il fallait « chercher une majorité en dehors des ultras ». Le ministère reconstitué cependant ne pouvait échapper à une certaine logique des choses ; il était peut-être plus engagé qu'il ne le pensait par les circonstances, par ces lois d'exception dont il avait accepté l'héritage et pour lesquelles il avait maintenant à combattre, par les inclinations ou les illusions de M. de Richelieu, qui n'avait pris les affaires qu'en se flattant de désarmer, de rallier la plus grande partie de la droite.

C'était là justement le nœud de cette situation étrange où se trouvait un ministère bien intentionné, mais plein de perplexités entre des opinions impérieuses, entre les royalistes, dont il cherchait la dangereuse alliance sans vouloir la payer trop cher, et les libéraux, qui n'étaient pas encore des adversaires déclarés, qui essayaient de le retenir. La vérité est que dès le premier moment s'ouvrait une lutte des plus graves autour de ces lois sur la liberté individuelle, sur la censure des journaux, sur les élections, qui mettaient incessamment aux prises le cabinet et les partis, qui devenaient autant d'occasions de conflits passionnés, de scissions violentes. La crise qui avait emporté M. Decazes se survivait à elle-même, et la question n'était pas seulement dans ce qui se passait à Paris; elle était au moins autant à Nice, où de Serre, bien que malade et absent, restait plus que jamais un personnage nécessaire, une sorte d'arbitre reconnu vers lequel se tournaient aussitôt tous les regards.

Comment de Serre jugerait-il de loin cette situation créée par le crime du 13 février et par la chute de M. Decazes? A quoi se déciderait-il? Allait-il rester dans le ministère pour faire sous un nouveau chef une campagne qui pouvait conduire à une réaction périlleuse, qui commençait par des lois d'exception? Quitterait-il le pouvoir pour reprendre sa place parmi les libéraux constitutionnels, les royalistes modérés avec qui il avait gardé des relations d'opinion et d'affection? C'était là ce qui s'agitait, aux premiers mois de 1820, dans une vive et saisissante correspondance destinée à porter chaque jour aux bords de la Méditerranée, à Nice, les impressions, les excitations et les appels de tous ceux pour qui le garde des sceaux ne cessait d'être une force ou un espoir. L'écho de tout ce qui se passait à Paris allait retentir dans cette conscience ardente et sincère délibérant avec elle-même.

III

D'un côté, les ministres anciens ou les ministres nouveaux comprenaient bien qu'ils ne pouvaient se passer de de Serre. Ils sentaient amèrement le contre-temps qui le tenait éloigné, et ils ne se rassuraient à demi que parce qu'ils pensaient qu'en gardant son nom ils le retrouveraient bientôt tout entier auprès d'eux. Ils ne cessaient de le lui dire : « Que n'êtes-vous avec nous pour nous aider!... Levez les mains au ciel pour nous, et venez à notre secours le plus tôt que vous pourrez... Achille absent fait toute la force de Troie : revenez, et avec vous reviendra la force qui nous a manqué, et le succès sans lequel nous sommes condamnés aux plus grands malheurs. »

Le duc de Richelieu lui-même n'avait pas perdu un jour pour lui écrire : «... M. Decazes, indignement calomnié, a dû céder à l'orage, et moi, quoi-

que malade et bien résolu à ne jamais rentrer dans
les affaires, je me suis décidé au plus pénible sacri-
fice. J'ai voulu que vous ne l'apprissiez que par
moi, et vous témoigner en même temps combien
j'attache de prix à vous avoir pour collègue... J'ai
besoin de vous exprimer combien je fais de vœux
pour votre parfait rétablissement et votre prompt
retour. » Les royalistes les plus éclairés, qui se
rattachaient à M. de Richelieu comme à une dernière chance d'échapper aux « ultras », faisaient au
garde des sceaux un devoir de loyauté et d'honneur
de rester au pouvoir ; ils lui disaient avec M. de
Mézy, directeur général des postes et député : « Ce
qui contribuera le plus à donner de la consistance
à ce ministère, c'est qu'on sache bien que vous ne
vous en séparez pas malgré la retraite forcée de
M. Decazes. Votre caractère et votre valeur lui
sont nécessaires ; vous ne pouvez les lui refuser... »
On s'adressait à ses sentiments les plus élevés ; on
intéressait son âme généreuse au succès d'une politique qui, sans cesser d'être modérée avec M. de
Richelieu, pourrait rallier une partie de la droite
contre le danger du moment, la menace révolutionnaire.

C'était la voix du camp royaliste, du camp ministériel. D'un autre côté, les libéraux, les doctrinaires, avec qui de Serre restait encore d'intelligence, lui tenaient un langage différent. Ces hommes de talent et d'éloquence, qui avaient contribué à la chute de M. Decazes en l'abandonnant, ne tardaient pas à le regretter et commençaient à s'effrayer. Au milieu de leur trouble, ils avaient la vive préoccupation du rôle réservé au garde des sceaux, en qui ils ne cessaient de voir l'ami le plus cher, le plus précieux. Avant de savoir ce qu'il ferait, ils s'efforçaient de l'éclairer, de l'avertir, de le mettre en garde, en lui exposant la gravité des choses. Ils étaient certainement sincères et souvent clairvoyants.

M. de Barante, avec un esprit calme et une raison fine, lui décrivait la marche, le caractère de cette crise à peine ouverte, ajoutant aussitôt : « Que ferez-vous, mon cher ami? Vous êtes important dans tout ceci. Je n'ai point de résolution à indiquer à un homme tel que vous. Si vous restez, vous pourrez soutenir le ministère, l'empêcher de verser à droite, le réconcilier avec le centre gauche. Vous ferez du bien; mais vous serez dans une position incomplète. Vous aurez, comme on a eu jusqu'ici, à ramasser de côté et d'autre une majorité mobile qui, bon gré, mal gré, vous entraînera aussi à quelque mobilité. Si vous quittez, c'est à vous qu'on recourra tout d'abord lorsque ceci ne pourra plus marcher ; mais c'est une carrière plus hasardeuse... Choisissez pour vous et pour nous. »

Le duc de Broglie, qui était entré si avant dans l'intimité de de Serre, qui avait été son complice loyal, libéral, dans la préparation de la réforme constitutionnelle, le duc de Broglie, un des premiers, se tournait vers Nice. Il faisait, comme il le disait, « sa confession tout entière » au garde des sceaux absent ; il lui témoignait ses inquiétudes sur tous ces projets de suspension de la liberté individuelle, de la liberté de la presse, qu'on se hâtait de présenter. Ce n'est pas qu'il refusât au gouvernement les moyens d'action ou de répression nécessaires ; mais il ne voyait ni « probité politique » ni « habileté ministérielle » dans cette façon « d'exploiter la douleur publique » par une réaction à outrance. « Le ciel, qui en veut à ce malheureux pays, disait-il, vous a fait malade et a suscité un scélérat pour achever notre ruine à tous... Ne revenez pas, vous n'avez rien à faire ici. Rétablissez votre santé, conservez-nous votre talent et votre réputation... » Le duc de Broglie retraçait avec feu, avec tristesse, avec la netteté d'un politique, cette situation nouvelle où un crime avait tout changé. Huit jours après le 13 février, il écrivait à de Serre :

« ... Nous voici maintenant livrés à un ministère composé d'hommes modérés, mais sans énergie, sans esprit d'entreprise, et dont le désir ou l'illusion est de croire qu'ils vivoteront entre les deux partis, obéissant tout doucement aux ultras, en disant du mal tout haut, et préparant leur règne par des mesures d'exception. Je crois pour mon compte que la position est entièrement désespérée. *Le règne du Roi est fini, celui de son successeur va commencer*, et, avant que nous ayons essuyé toutes les folies, toutes les persécutions des ultras, nous n'avons aucune chance de nous relever. Il n'est plus du tout question de liberté ni de gouvernement constitutionnel, il est question de se défendre, de se rallier et d'employer à parer les coups qui vont nous être portés le peu d'armes qui restent entre nos mains...

« Le nouveau ministère supplie instamment qu'on ait confiance en lui, qu'on lui donne les lois d'exception, qu'on ne précipite pas les choses jusqu'aux ultras, et proteste de ses bonnes intentions, dont je suis bien convaincu. Mais que fait tout cela? S'il marche avec le côté droit, il aura contre lui la majorité ; s'il incline vers la gauche, le côté droit va l'accabler... Vous pouvez juger de ce qui va nous arriver. Dans ce sauve qui peut général, mon intention est de reprendre ma position parfaitement indépendante. Je n'ai nulle raison pour voir aucun des ministres actuels. Tout ce qu'ils demanderont de raisonnable, j'y consentirai avec plaisir ; mais je ne concéderai aucun pouvoir arbitraire à des hommes en qui je n'ai nulle confiance, qui gardent en ce moment la place de MM. de Chateaubriand, de Villèle et compagnie. Quand ces grands personnages hériteront du pouvoir, il faut au moins qu'ils prennent la peine de nous opprimer eux-mêmes... »

« La confession » était complète. Le duc de Broglie parlait à cœur ouvert au généreux absent, et, comme si cela ne suffisait pas, la jeune, la brillante et vertueuse duchesse de Broglie se faisait la complice émue de son mari. Elle aussi, elle écrivait à de Serre avec effusion ; elle lui parlait des « circonstances affreuses » qu'on traversait, des « scènes déchirantes » qui venaient de se passer, des déchaînements qui remplissaient Paris. « J'ai bien pensé à vous, disait-elle... Non, rien ne vous rendra jamais ce qu'ont été les ultras depuis huit jours, et les

femmes, et les salons, et les journaux! La vie de
M. Decazes était menacée; de tous les côtés, on
entendait des personnes bien nées, bien élevées, se
plaindre de ce qu'on ne l'assassinait pas... Quelle
situation que la nôtre! Des crimes de toutes parts,
tous les bons sentiments souillés par ceux qui les
exploitent!... Je ne sais pas ce que vous ferez dans
cette circonstance, mais je sais bien que la conscience vous guidera. Vous ne vous laisserez pas
aller au sentiment bien naturel de la première irritation. Vous ne vous dégoûterez pas de la liberté à
cause des crimes dont on la déshonore. Hélas! c'est
aujourd'hui qu'elle a le plus besoin du secours des
âmes consciencieuses, aujourd'hui où on lui reproche ce qui n'est pas elle, aujourd'hui où tout le
monde l'abandonne et où ses défenseurs osent à
peine lever la voix de peur d'être mal interprétés,
aujourd'hui où les passions antinationales ont un si
grand appui dans cette horrible mort. Jamais nous
n'avons été plus tristes. Victor se tient en arrière,
il attend; il a eu le cœur déchiré de tout ceci. Bénis-
sez Dieu, croyez-moi, d'avoir été éloigné... Soignez-
vous, nous aurons besoin de vous!... »

A travers tout, il y avait l'appel au cœur libéral
de de Serre, l'anxiété de ce qu'il ferait, et les idées,

les sentiments que les lettres de M. de Barante, du duc ou de la duchesse de Broglie allaient porter à Nice, n'étaient pas moins vivement exprimés par le premier des parlementaires, l'oracle du centre gauche, Royer-Collard.

Plus que tout autre, malgré les froissements de la crise ministérielle du mois de novembre 1819, Royer-Collard se sentait attaché à de Serre; il lui en faisait la déclaration avec sa cordialité superbe : « J'ai plus besoin de votre amitié que je ne puis vous le dire; vous êtes aujourd'hui pour moi tout le *dehors*, tout le *non-moi*; je ne compte qu'avec vous... » Royer-Collard, en réalité, était un peu embarrassé. Après avoir laissé tomber M. Decazes, il l'avait entouré dans sa chute de témoignages de regret et d'intérêt; en voyant arriver le duc de Richelieu, il hésitait ou du moins il ne se hâtait pas, retenu dans son hostilité par sa déférence pour l'homme élevé à la présidence du conseil et par ses liens d'amitié avec le garde des sceaux. Il attendait de voir se dessiner la politique ministérielle, mêlant à une humeur déjà grondante une modération qu'il avait de la peine à s'imposer, — et à une lettre, toute de confiance affectueuse, qu'il avait reçue de Nice, il se hâtait de répondre :

«... J'ai été ramené un moment à des temps qui ne sont plus, à ces temps d'espérance et de discussions paisibles où l'avenir semblait être à nous... Tout est changé, mon cher ami. Vous devez bien le comprendre. Un grand crime est venu jeter sa lueur sur notre triste situation et nous a révélé la profondeur du mal. L'anarchie s'est déclarée au cœur même du gouvernement; un parti s'est cru en état de faire la loi au Roi, et il la lui a faite. Il a fallu *inventer* un ministère qui fût *reconnu*. Le problème est résolu aussi heureusement qu'il était possible. Tout considéré, je me réjouis que le ministère ne vous ait pas cru incompatible; croyez vous-même que vous ne l'êtes pas aussi longtemps que le contraire ne vous sera pas démontré. Qui sait à quoi vous êtes destiné? Gardez la place qu'on vous laisse. Vous savez ce que je pense de M. de Richelieu : il n'a jamais été aussi nécessaire; c'est notre dernière digue... Voici maintenant ma disposition personnelle : je suis si éloigné de l'opposition, et je la crois si dangereuse en ce moment, que je ne combattrai pas même les lois d'exception, quoique je sois persuadé que la censure accablera le ministère, et que, s'il l'obtient, il doit se hâter de la déposer en présentant dans cette session même une loi de répres-

sion spéciale. Sur la loi des élections, je ne résiste-
rai absolument qu'à la division en classes. Que ne
donnerais-je pas pour causer de tout cela une heure
par jour avec vous! Cependant restez à Nice... For-
tifiez votre poitrine, je ne dirai pas votre âme, elle
est à toute épreuve!... »

Cette bonne volonté de réserve et de modération
ne durait pas longtemps, il est vrai. Avant que
quelques jours fussent écoulés, quand il voyait le
ministère s'engager décidément par les lois d'exception, par la manière dont il les défendait, par les
alliances qu'il poursuivait, Royer-Collard n'y tenait
plus, et, reprenant son dialogue avec de Serre, il
se hâtait de lui écrire avec émotion : « C'est de
vous surtout, cher ami, que je veux vous parler.
Votre situation devient étrange au sein de ce ministère ouvertement allié au côté droit. Ce n'est pas
là ce qu'il y a de plus remarquable ; mais vous
ne pouvez pas ne pas voir que vous êtes immolé
dans cette alliance. Ainsi il est établi comme
article de foi du nouveau symbole que tout le mal
vient de la session dernière et particulièrement de
la loi *antisociale* de la presse, des principes *désor-*
ganisateurs sur lesquels elle est appuyée. Si vous
êtes convaincu que vous étiez l'année passée un

jacobin, vous pouvez vous replacer au banc des ministres sous la protection de votre *repentir ;* mais, si vous n'êtes pas résolu de vous désavouer, vous ferez une étrange figure. C'est à quoi je vous demande de penser... J'ai fait un beau rêve : j'ai songé l'alliance de l'ordre et de la liberté, de la légitimité et de la révolution ; je suis réveillé. Je ne dis pas qu'on ne puisse traîner misérablement ; mais il n'y a pas de raison de s'en mêler... » — Royer-Collard, en épanchant ses amertumes dans l'intimité, se flattait encore d'émouvoir l'absent, comme d'autres se flattaient aussi de gagner cet éloquent absent à une politique contraire.

IV

Entre les deux camps, dans ce monde tourbillonnant et agité de Paris, le garde des sceaux avait un confident éprouvé et sûr qui n'est pas le personnage le moins curieux de ce drame par correspondance. C'était Froc de La Boulaye, homme d'une singulière vivacité d'esprit, indépendant par sa fortune, désintéressé de toute ambition, observateur par goût, et avant tout dévoué à de Serre, dont il se chargeait de garder la position et les intérêts. Froc de La Boulaye avait l'avantage d'être lié avec tout le monde, avec Royer-Collard et le duc de Broglie, comme avec M. Decazes et le duc de Richelieu. Son rôle était de tout voir, de tout entendre, de tout recueillir, et de transmettre jour par jour, heure par heure à Nice la gazette familière du parlement, des salons, du ministère et des partis. « Je vous écris tous les jours, disait-il, parce qu'il y a des impressions de tous les jours... Je suis une glace qui réfléchit les objets qu'on lui présente, beaux ou laids; ne la cassez pas... » Et en effet, il disait tout librement, spirituellement, avec un mélange de bonne humeur et de raison hardie.

Au fond, cet esprit honnête et distingué était un royaliste sincère, modéré de sentiments, effrayé des périls révolutionnaires, et mettant pour le moment toute sa politique dans l'alliance au pouvoir des deux hommes pour lesquels il avait un culte, le duc de Richelieu et de Serre. Pour lui, tout s'effaçait devant cela. Entre le nouveau président du conseil et le garde des sceaux, il était l'intermédiaire le plus actif et le plus précieux. Il ne cessait d'écrire

sur tous les tons et sous toutes les formes à Nice :
« Le duc de Richelieu est plein de bons sentiments
pour vous. Il vous aime et vous honore ; il me charge
de vous le dire... Il compte sur votre appui et votre
amitié... Il vous promet un compagnon digne d'un
homme tel que vous... Vous nous sauverez peut-
être ensemble!.. » C'était toujours le dernier mot!

Le « bon et fidèle » Froc de La Boulaye, comme
l'appelait M. Pasquier, se faisait un devoir de ne
rien déguiser aux exilés de Nice, de penser tout haut
avec eux, de les tenir au courant des choses et des
hommes. Au besoin, il n'épargnait pas de ses traits
mordants les « ultras » et leurs violences, ces braves
royalistes qui savaient si bien unir la « sottise » à
l'honnêteté. Il sentait tout ce qu'il y avait de chan-
ceux à trop compter sur cette droite aux passions
surannées et incohérentes, qui en était presque à
voir dans M. Lainé un jacobin; mais en même
temps, malgré ses liaisons avec les anciens modérés
du centre gauche, surtout avec Royer-Collard, dont
il était le collègue comme député de la Marne et le
convive habituel aux dîners du dimanche, malgré
son intimité avec ce monde de gens d'esprit, il se
méfiait d'eux, et il les jugeait.

Il ne pardonnait pas aux doctrinaires d'avoir laissé

tomber M. Decazes, de harceler le nouveau ministère Richelieu d'une opposition impatiente, de s'ex-
poser à être les dupes ou les complices des révolutionnaires et des bonapartistes déguisés en libéraux.
Il se défendait de cette influence, et il ne négligeait
rien pour mettre de Serre en garde contre les séductions éloquentes, contre les « grandes lettres »
qu'on lui expédiait à Nice, — non sans se les communiquer tout bas, en petit comité, à Paris. Il y
avait de longues conversations dont le garde des
sceaux était le sujet invariable, et dont Froc de La
Boulaye se hâtait de rendre compte gaiement, avec
une bonne grâce piquante. « Je vois régulièrement
le duc et la duchesse de Broglie, écrivait ce galant
homme; ils me comblent de bontés. Vous parfumez
l'air que nous respirons ensemble. — J'ai passé
hier ma soirée chez Germain. Nos jeunes gens, —
M. et madame de Broglie, — avaient reçu de vos
nouvelles. La duchesse m'a dit que son mari venait
de vous écrire huit pages si éloquentes et tellement
irrésistibles qu'elle a voulu les copier de sa jolie
main. Je me suis mis à genoux pour baiser cette jolie
main; mais je n'ai pas reçu l'absolution, car je
mourrai dans l'impénitence finale. C'est à qui don-
nera les meilleures raisons du monde pour vous

placer à la tête ou sous la férule d'un parti qui ne
peut gouverner la France... »

Une fois lancé, Froc de La Boulaye ne s'arrêtait
plus sur ce monde de la doctrine, sur Royer-Collard,
sur le rôle qu'on réservait à de Serre. « Il me paraît
évident, écrivait-il, qu'ils vous veulent pour chef de
file. Ou je m'abuse étrangement, mon bon ami, ou
ils perdraient mille royaumes les uns après les autres.
Je n'ai jamais vu la folie mieux affublée d'esprit et
de raison. Ils savent beaucoup, et de là un profond
mépris pour tout ce qui n'est pas académique; ce
qu'ils ne savent pas, c'est gouverner, c'est mener
les hommes, c'est observer les choses, c'est réussir.
Habiles à détruire, incapables d'édifier, leur monde
intellectuel n'a rien d'humain que leurs ambitions
particulières. Mon cœur se montre à vous à décou-
vert... » Et quelques jours plus tard : « Nos doctrinaires, comme les orientalistes, ne peuvent guère
s'arracher à la politique de Babylone et de Palmyre.
Leur livre de poste est d'une extrême exactitude,
mais pour voyager dans les espaces imaginaires. Je
suis trop peu versé dans cette géographie pour ne
pas paraître médiocre aux professeurs. Je me sauve
avec quelques plaisanteries, quelques boutades...
Du reste, nous nous maintenons en assez bonne har-

monie. Je dîne aujourd'hui chez Royer. Elle est
déplorable, la position de notre ami... Sa physionomie fait peine; il vous aime. Il m'a dit qu'il vous
parlait beaucoup de vous. Quel dommage !.. »

Un moment Froc de La Boulaye, dans une
intention de paix, avait eu l'idée d'une entrevue
de Royer-Collard avec le président du conseil, et il
racontait gaiement l'aventure : « Royer, que j'en ai
fort prié et qui ne demandait pas mieux, a eu une
longue conversation avec M. le duc de Richelieu;
mais l'un et l'autre s'entendraient mieux par signes
que de toute autre manière. Les syncopes de notre
ami, ses oracles confirment le duc dans ses vieilles
idées sur *l'inapplicabilité* du savant. Il y a peu
d'hommes qui sachent et parlent mieux diverses
langues que le duc; mais la langue de Royer, il ne
la parle ni ne l'entend ni ne veut l'entendre... »
Il était sans pitié, quoique sans fiel, aimant, véné-
rant même le « patriarche », ayant au besoin pour
lui des ménagements délicats, — et le désignant,
dans la liberté d'une confidence intime, avec une
verve croissante, comme « le premier architecte
du monde en démolition ».

Traits piquants, anecdotes, impressions de la
politique et des salons, se succédaient ainsi dans

ces lettres, — tout cela entremêlé de gracieuses nouvelles des deux petites filles que le garde des sceaux avait laissées à la chancellerie, de recommandations et d'avis qui en revenaient toujours à dire : « Tranquillisez-vous, rétablissez-vous. Où vous êtes, vous serez toujours maître de hâter ou de différer votre retour... Vous ne pouvez rien sur le cours des choses ; observez, réfléchissez, ne vous engagez pas, et à moins de consultation expresse, tenez-vous tranquille... Vous savez que vous avez ici sur qui compter,... votre place est bien gardée !... » — Cet homme d'esprit se plaisait à s'effacer et à se confondre dans la destinée du ministre dont il considérait l'amitié comme sa gloire.

V

Que pensait réellement le personnage principal, celui à qui s'adressaient tant d'excitations et d'appels ? Il est certain qu'au premier moment, même dans l'émotion extraordinaire qu'il avait ressentie du sinistre événement de Paris, de Serre s'était montré peu favorable à des mesures d'exception. Sa première impression avait été qu'il ne fallait « rien précipiter », qu'il n'y avait « rien à proposer aux Chambres » avant qu'on sût si l'attentat du 13 février était « l'acte forcené d'un fanatique solitaire » ou une œuvre de conspiration. Il croyait peu utile, peu politique la suspension de la liberté individuelle. Le rétablissement de la censure moins d'un an après les lois de 1819 lui répugnait surtout visiblement. « Vous avez eu quatre ans la censure, écrivait-il ; la voulez-vous reprendre? Voulez-vous être aujourd'hui responsable de tout ce qui se dira et de tout ce qui ne se dira pas dans les feuilles périodiques, semi-périodiques et pamphlets?... Voulez-vous accepter cette responsabilité? Moi, je sens que je ne l'accepterais pas... »

La chute de M. Decazes l'avait profondément remué en redoublant ses douloureuses perplexités, et à cette nouvelle il s'était hâté d'écrire à celui que l'iniquité des partis frappait : « Je vous regrette amèrement, cher ami, pour l'État, pour le Roi, pour vous-même et pour moi. Ce n'est pas que je vous plaigne de quitter le pouvoir. Vous en avez senti les épines, et la triste connaissance qu'on y fait du cœur humain suffirait pour en inspirer le dégoût; mais ce n'est pas comme cela, ce n'est pas sous les fureurs insensées de la calomnie que j'aurais voulu vous voir succomber... Ma position à moi est fort incertaine. Vous étiez mon lien moral avec le Roi et le gouvernement. Je connais très-peu M. de Richelieu. On m'a dit qu'il laissait ordinairement prendre possession de lui-même. Par qui le trouverai-je occupé? Le faudra-t-il disputer? Enfin je m'abandonne aux événements... jusqu'à ce que, comme vous, je tombe sous le poignard de la calomnie... » Il ne se faisait point d'illusion, dans le sort de M. Decazes il lisait son propre sort, il l'écrivait à sa mère. Il s'était néanmoins décidé à rester, parce qu'il lui semblait qu'en un pareil moment une retraite volontaire serait une désertion devant le péril, parce qu'il ne croyait pas pouvoir se refuser au duc de Richelieu, au « système de modération » qui ne cessait point d'être la politique du Roi au milieu des « fureurs des partis ».

Ministre le lendemain comme la veille, retenu pour l'instant dans sa solitude des bords de la Méditerranée, de Serre recevait tout et écoutait tout. L'éloignement avait l'avantage de lui faire dans sa retraite une sorte de neutralité temporaire, où il pouvait « rafraîchir son sang », reposer son imagination, selon le mot de Froc de La Boulaye, mûrir ses pensées et ses résolutions, en reprenant des forces sous le climat vivifiant du Midi.

Au fond il ne se désintéressait de rien et il se méprenait encore moins sur la gravité de la situation, sur le trouble des esprits, dont il retrouvait l'expression dans toutes les lettres qui lui arrivaient chaque jour. Il ressentait vivement, il s'exagérait peut-être la part que ses amis les doctrinaires avaient eue au dernier moment dans la chute de M. Decazes, — en l'abondonnant « par orgueil », disait-il, « en le mettant à la discrétion des ultras ». Il ne voyait pas sans un secret serrement de cœur ces hommes d'une intelligence supérieure s'engager dans une opposition qui allait en croissant. Il gardait cependant toujours avec eux ses habitudes de cordialité, et il ne désespérait pas de les retenir ou de les ramener. Ses lettres mettaient du baume sur les blessures de Royer-Collard, au dire de La Boulaye, et à la duchesse de Broglie il répondait avec la grâce émue et sérieuse d'une noble amitié :

« Que je vous sais gré d'avoir, dans des moments aussi douloureux, éprouvé le besoin de partager avec moi les impressions que vous en avez ressenties!

C'était une des consolations que je pouvais recevoir. Je vous sais plus de gré encore de la manière dont vous sentez nos malheurs; une âme comme la vôtre a dû être déchirée, bouleversée de pareils événements... A travers ces idées lugubres, entouré d'un horizon si sombre, je ne puis cependant désespérer. C'est dans ce sens que j'ai écrit à votre cher Victor. De quelque côté que je retourne le grand problème qui nous occupe tous, j'arrive toujours au même résultat. Attaquons-le par la liberté : pour la fonder, il faut affermir les Bourbons, et pour affermir ceux-ci, il faut toujours en revenir à fonder la liberté. Ces deux causes me paraissent également saintes. Hors de là, je ne vois que subversion et néant. Je comprends bien que nous ne sommes pas dignes encore de la liberté; mais heureusement elle nous est nécessaire, heureusement aussi la royauté ne nous l'est pas moins...

« Que votre cher Victor se maintienne, comme il le dit, dans l'indépendance, mais dans une indépendance élevée qui plane sur les partis et ne relève que de la vérité et du devoir. Il est un des plus beaux espoirs de notre France. Qu'il se conserve pour elle dans cette pureté, cette chasteté d'âme que Dieu a mise en lui. Son nom se rattache aux deux causes que mon cœur et ma raison embrassent également comme indissolubles... »

Dans cette vie de retraite et de repos dont il subissait l'obligation cruelle, qui n'était agitée que par les bruits venus de Paris, de Serre avait le temps de se recueillir et de s'interroger, mêlant parfois à ses méditations la lecture d'un livre de de Maistre ou d'*Ivanhoe,* le dernier roman de Walter Scott. Sans avoir le fardeau des affaires, il en gardait l'inquiétude dans ses délassements, dans ses promenades comme dans ses lectures, et souvent il se tourmentait de recouvrer si lentement la santé. L'intérêt dont il se sentait poursuivi jusqu'à Nice le touchait profondément en soutenant son courage; il en éprouvait une sorte d'émotion religieuse qu'il laissait percer en écrivant à sa mère et en lui racontant avec une imagination attendrie sa modeste existence de solitaire :

« C'est aujourd'hui Pâques, disait-il le 2 avril, et nous avons un beau jour; avec du soleil et point de vent, on est comme en plein été. Tout germe, et toutes les feuilles s'épanouissent. Il faut se lever matin pour se promener avant l'ardeur de midi. Aussi faisons-nous depuis quelques jours des courses à cheval avant déjeuner... ou bien, comme ce matin, je me promène entre deux rangs de jeunes cyprès sur la terrasse qui termine le jardin et borde la mer, un livre à la main que je quitte souvent pour mes rêveries. Je repasse dans ma mémoire mes promenades semblables sur cette terrasse de Pagny, où vous veniez souvent me rejoindre. Ne pensez pas que de tels souvenirs et les sentiments qui se sont produits s'affaiblissent. Des jours aussi heureux et aussi purs ne s'effacent pas de la mémoire. Ce qui était en germe s'est développé; de grands objets, des pensées profondes et souvent douloureuses, des devoirs effrayants me réclament et m'absorbent. Je n'en suis pas moins toujours le même; mais tous nous sommes ou trop blâmés ou trop loués. On m'écrase en ce moment par les espérances exagérées qu'on place en moi. Quel secours à de si grands maux que la faible voix d'un convalescent! Toutefois, chère maman, adressez à Dieu vos bonnes prières : que pour quelque temps encore il prête un corps à mon âme, l'expression à mes pensées et le souffle à mes paroles! Il m'est témoin que je n'en veux user que pour sa gloire, pour le salut du Roi et de mon pays. »

A cet accent généreux et vibrant d'une émotion intérieure, on sent le combattant agité du noble

tourment de l'action, subissant le repos comme
une peine, impatient de retrouver des forces pour
pouvoir suivre les inspirations de son courage, au
premier appel du devoir. Ceux qui croyaient que,
« moitié à cause de sa santé, moitié à cause de la
difficulté des circonstances », il songeait à abandonner les affaires, ne le connaissaient guère. Il attendait, il suivait de loin le drame où il était désigné
comme un acteur nécessaire ; il n'entendait se dérober ni au combat ni à la responsabilité du choix de
sa place dans le combat, selon le mot de M. Guizot,
qui avait, lui aussi, son rôle de conseiller.

VI

C'est ainsi qu'entre quelques hommes d'élite,
pendant les premiers mois de 1820, à côté ou en
dehors des luttes publiques, se poursuivait un débat
intime dont l'objet était la situation de la France,
l'avenir même de la Restauration, de la monarchie
constitutionnelle. Cette crise de 1820, préparée
depuis plus d'une année par une série d'incidents,

surtout par un réveil sensible de passions hostiles, dévoilée ou précipitée par le crime du 13 février, était certainement des plus graves. Elle résumait sous une forme dramatique un problème qui s'est reproduit bien des fois depuis qu'il y a des parlements et des constitutions. Il s'agissait de savoir si le règne des idées et des hommes du 5 septembre allait sombrer, si à la place d'un gouvernement du centre, d'une majorité de raison et de transaction, il n'y aurait plus que deux camps opposés et tranchés, l'un réunissant toutes les nuances de la droite, depuis les « ultras » jusqu'à M. Lainé ; l'autre ralliant toutes les forces du libéralisme, depuis M. de la Fayette jusqu'à Royer-Collard. Il s'agissait, en un mot, de la fortune de la politique modérée, soumise en ce moment à l'épreuve la plus décisive.

Tout dépendait peut-être encore de ce que feraient le centre droit et le centre gauche, ces deux groupes modérateurs, alors comme toujours, intéressés à s'unir et divisés, alors comme toujours, par des susceptibilités, par des ombrages encore plus que par des incompatibilités absolues. Le plus calme des doctrinaires, M. de Barante, le disait avec une tristesse clairvoyante, « on était en disposition de se blesser », de ne pas s'entendre et de préparer la séparation en la redoutant.

Assurément, lorsque des hommes comme Royer-Collard, Camille Jordan, M. Courvoisier, s'inquiétaient de voir le ministère et ses amis les plus intimes incliner vers la droite, lorsqu'ils combattaient des mesures d'exception ou de réforme constitutionnelle, ils étaient dans la logique de leurs idées, ils restaient des libéraux sans cesser d'être des royalistes ; mais ils ne voyaient pas qu'en multipliant les difficultés, en menaçant de se replier vers la gauche, en parlant de « tirer tout à fait l'épée hors du fourreau », ils risquaient de tout perdre, ils affaiblissaient par leur défection le « dernier ministère modéré possible » pour le moment ; ils poussaient encore plus le duc de Richelieu vers la droite, et ils n'étaient plus eux-mêmes que les alliés éloquents, la décoration et la force d'une opposition dont ils ne partageaient pas les arrière-pensées hostiles.

Les hommes du centre droit, eux aussi, pouvaient avoir raison quand ils s'inquiétaient pour la monarchie de ce feu révolutionnaire dont l'élection de Grégoire, le crime du 13 février, étaient les symptômes ; mais ils ne voyaient pas à leur tour qu'en se laissant trop aller à leurs alarmes, en s'éloignant des libéraux modérés pour se tourner vers la droite, ils abdiquaient leur rôle, ils se remettaient à la merci des « ultras ». Les uns et les autres, en se séparant, n'arrivaient qu'à s'annuler, à porter un contingent de plus dans deux coalitions ennemies placées face à face avec leurs passions extrêmes, leurs divisions et leurs incohérences. « Si nous sommes divisés, écrivait Froc de La Boulaye à de Serre, nos adversaires le sont aussi : les républicains, les bonapartistes servent sous les mêmes drapeaux, et si Camille (Jordan) et Royer ne les désertent pas, pourquoi veulent-ils que nous en désertions d'autres ?... »

C'est l'histoire invariable. Le centre droit dit au centre gauche : Séparez-vous des révolutionnaires ! Le centre gauche dit au centre droit : Séparez-vous des ultras de réaction ! Pendant que le dialogue se poursuit, les incidents se succèdent, on s'irrite, on s'aigrit, les vieux ferments s'en mêlent. « On tient pour Marius ou pour Sylla parce qu'on a jadis servi sous leurs drapeaux. » Ce qui pouvait être la force modératrice se dissout ; il ne reste plus que les deux camps ennemis, — et vainement alors un homme tel que Royer-Collard, invoquant « l'ancienne majorité », la majorité de la politique bienfaisante des quatre ans, s'écrie : « Que cette majorité sorte de ses ruines! qu'elle se montre à la France qui la cherche, qu'elle s'élève et qu'elle élève le gouvernement avec elle au-dessus des partis!... » L'appel, si éloquent qu'il soit, va se perdre dans les implacables divisions des partis.

C'était l'histoire de 1820, de cette crise de trois mois qui, une fois déchaînée, allait en se compliquant par degré d'émotions publiques, d'orages parlementaires, de scissions éclatantes et d'amitiés brisées. Qu'arrivait-il en effet? Dès les premiers moments, la lutte s'engageait autour de ces lois sur la liberté individuelle, sur la censure des journaux, sur les élections, qui avaient le malheur de ressembler à une œuvre de colère, de réaction effarée, et qui devenaient fatalement comme les étapes successives d'une agitation grandissante. Chaque jour désormais amenait de nouvelles péripéties, des explications qui n'expliquaient rien et qui envenimaient tout. Le moindre incident passionnait et troublait une Chambre profondément divisée où la majorité ne tenait qu'à un déplacement de quelques voix. C'était une campagne complète, une série de batailles rangées ou de vives escarmouches en plein parlement.

La loi sur la liberté individuelle offrait l'occasion du premier choc sérieux : aussitôt se dessinait cette violente et périlleuse situation. Il était bien clair qu'il s'agissait moins de ce que disait une loi médiocre que de l'esprit qui l'avait inspirée, de ce qu'elle cachait, de la politique dont elle semblait être le gage, de l'attitude et des alliances du ministère, de la révolution et de la contre-révolution qui se retrouvaient en présence. Tous les partis se jetaient dans la mêlée avec leurs drapeaux et leurs mots d'ordre, les uns s'armant de l'attentat du 13 février, des périls de la royauté, les autres invoquant les libertés menacées, la Charte mise en interdit. Les orateurs se multipliaient : — d'un côté, M. Pasquier au nom du ministère, M. de Villèle, M. Corbière, portant au cabinet le secours intéressé de la droite; — du côté opposé, Manuel, Benjamin Constant, Foy, disputant le terrain pied à pied. — Première bataille gagnée laborieusement par le ministère à une modeste majorité de dix-neuf voix !

A peine la loi sur la liberté individuelle avait-elle passé, la lutte renaissait plus ardente encore sur le rétablissement de la censure des journaux. Elle était d'autant plus vive, d'autant plus pas-

sionnée, que la tribune avait une retentissante
complice dans la presse, qui se sentait à la veille
d'être réduite au silence, et ce qu'il y avait de
grave, c'est que les libéraux, qui passaient alors
pour avancés, commençaient à n'être plus seuls
au combat. Les doctrinaires, à leur tour, entraient
en scène. Royer-Collard avait beau promettre de
se contenir, il laissait échapper son humeur morose
en appelant les lois d'exception « des emprunts
usuraires qui ruinent le pouvoir, alors même qu'ils
semblent l'enrichir ». Des hommes de l'intimité de
Royer-Collard, et liés comme lui au gouvernement
par des fonctions, ne déguisaient plus là vivacité
de leurs défiances et de leur opposition. Camille
Jordan, qui était conseiller d'État, et qui n'avait
plus qu'un souffle de vie, se trainait à la tribune
pour protester contre un système qu'il accusait
« d'abuser des émotions publiques pour en imposer à la raison publique », qu'il représentait comme
« réunissant tous les traits qui pouvaient blesser le
plus profondément l'instinct national ». Et Camille
Jordan ajoutait d'un accent ému : « Pour moi, du
moins, j'aurai rempli mon devoir par cette expression publique de mon vote; j'aurai donné à ma
patrie et à mon prince le dernier témoignage de

fidélité. Quels que soient les sacrifices qu'il puisse me coûter, il servira à répandre la consolation sur les derniers restes d'une existence affaiblie. » M. Pasquier avait de la peine à effacer l'impression de ce qu'il appelait dans ses lettres la « douce et lamentable éloquence » de Camille Jordan.

Cette seconde bataille pour la censure des journaux, le ministère la gagnait encore comme il avait gagné la première pour la suspension de la liberté individuelle ; mais il n'en avait pas fini, il n'en avait jamais fini ! une dernière bataille, la plus décisive de toutes, restait à livrer pour cette réforme du système électoral, qui avait fait l'objet des méditations approfondies de de Serre avant son départ, que M. Decazes avait présentée aux Chambres avant de disparaître, et qui soulevait tous les orages. « La loi des élections, tout est là, disaient les ministres ;... tant qu'on n'aura pas de garanties de ce côté, il n'y aura rien de fait... »

La difficulté était d'obtenir d'une Chambre troublée le vote d'une loi qui avait près de cinquante articles, qui ravivait les questions les plus brûlantes, qu'on accusait d'être une violation de la Charte, le couronnement du système de réaction, une revanche d'ancien régime. Au dernier moment, à la mi-avril, le ministère, ému des inextricables embarras dont il se voyait assiégé, croyait se tirer d'affaire en proposant un nouveau projet, simple et sommaire, par lequel il se flattait d'échapper tout au moins au reproche de toucher à la Charte. Malheureusement la loi nouvelle ainsi simplifiée n'avait plus pour la relever ni l'augmentation du nombre des députés, ni le renouvellement intégral, ni le vote public, et elle gardait ce qui froissait le plus l'instinct libéral, l'inégalité de suffrage par la création de deux colléges, un collége d'arrondissement désignant des candidats et un collége de département choisissant les députés parmi ces candidats. De l'idée première d'une réforme, qui avait sa grandeur dans l'esprit de de Serre, même dans la loi de M. Decazes, il ne restait plus qu'un expédient assez médiocre, destiné, on l'avouait naïvement, à donner une Chambre « malléable et monarchique ». C'est maintenant sur ce point extrême que se concentraient toutes les passions de combat allumées et entretenues depuis deux mois par les lois d'exception.

VII

Je ne veux que montrer la manière dont se nouait
et se compliquait cette crise, qui allait devenir un
véritable drame. Le ministère Richelieu n'échappait
aux premières épreuves de ses lois sur la liberté
individuelle, sur les journaux, que pour se retrouver aussitôt en face de difficultés nouvelles; il se
débattait et s'épuisait dans des discussions toujours
renaissantes, souvent délicates, semées d'incidents
embarrassants, — interpellations au sujet de
M. Decazes, pétition de M. Madier de Montjau sur
le « gouvernement occulte » du comte d'Artois et
de ses amis. C'était d'un autre côté, de la part des
libéraux, une tactique évidente de multiplier et
d'envenimer ces incidents, de prolonger ces discussions par des discours enflammés ou des amendements sans nombre; en un mot, d'émouvoir le
pays et de créer une agitation d'opinion.

Pour les uns et les autres, la loi des élections
apparaissait désormais comme le rendez-vous de la

grande et décisive rencontre, et plus cette situation se dessinait dans sa gravité, plus on approchait du rendez-vous, plus aussi tous les regards allaient chercher de Serre au loin ; on sentait plus que jamais que le garde des sceaux devenait l'homme de la situation, que son absence laissait le ministère plus qu'à demi désarmé.

Jusque-là, le ministre des affaires étrangères, M. Pasquier, avait été à peu près l'unique porte-parole du gouvernement ; les autres ministres étaient peu faits pour la tribune. M. Pasquier seul avait tenu tête aux orages en homme toujours prêt, toujours avisé, et non sans succès ; mais M. Pasquier, politique supérieur par la raison et par le conseil, avait plus de netteté judicieuse que d'éloquence entraînante. Il sentait lui-même qu'il ne pourrait suffire jusqu'au bout, et il était le premier à écrire à de Serre : « Si je vois arriver la loi d'élection sans espérance de votre puissant secours, je serai d'un malheur tout voisin du désespoir : tout est dans cette loi... Si vous êtes à la tête de notre phalange, je n'aurai aucun doute sur le succès. Arrivez donc, mon cher collègue, mais arrivez-nous fort et vaillant selon votre coutume. » D'autres se montraient bien plus pressants. Un homme, connu alors, qui était un des plus vieux amis de Royer-Collard, mais qui ne suivait plus le chef des doctrinaires dans sa campagne nouvelle, M. Becquey, écrivait au garde des sceaux [1] : « Vous nous manquez plus que vous ne pouvez le croire... Si vous aviez été au banc des ministres, les assaillants eussent été moins osés... » Et lui aussi, le fidèle Froc de La Boulaye, après avoir recommandé à de Serre d'attendre en repos, il hâtait maintenant le retour de ses vœux et de ses sollicitations. « Vous n'assisterez pas de loin à nos funérailles, disait-il... Notre situation est périlleuse. Il nous faut, avec l'honorable M. de Richelieu, un homme qui sente ses forces, qui en use, qui plane sur les partis, qui les contienne, et dont la voix puissante inspire la confiance; vous pouvez être cet homme... »

Le duc de Richelieu lui-même enfin, comme président du conseil, n'hésitait plus à rappeler le puis-

---

[1] M. Becquey avait été autrefois membre de la première assemblée législative de la révolution, et en 1799 il avait été, avec Royer-Collard, du fameux conseil secret ou comité royaliste en correspondance avec Louis XVIII. C'est dire l'ancienneté et l'intimité de leurs rapports. Dans sa lettre à de Serre, M. Becquey, en parlant de la ligne de conduite des doctrinaires à ce moment, ajoutait : « C'est une de mes afflictions à cause de Royer-Collard, avec lequel j'ai passé ving-cinq ans dans une communion parfaite de principes et de conduite... »

sant collègue sans lequel il osait à peine aborder la loi des élections. « Votre appui et votre coopération dans cette grande lutte seront décisifs, lui disait-il, et je n'aurai plus aucune crainte quand je vous verrai à Paris. Nos ennemis ne s'endorment pas... Ceci est une guerre à mort entre le génie du bien et celui du mal. Je suis heureux de vous avoir pour compagnon d'armes dans cette lutte, que je suis bien décidé à soutenir à outrance. J'espère qu'avec du courage et de la prudence nous terrasserons les méchants sans nous laisser dominer par les fous, et nous réunirons sous notre bannière tous les hommes de bonne foi qui veulent le maintien de ce qui existe. »

Ce qu'on voulait du garde des sceaux, c'était sa parole sans doute, et, s'il ne pouvait parler, ce qu'on voulait encore, c'était sa présence; tout se réunissait pour lui fixer le moment du retour. Les appels qu'il recevait de toutes parts répondaient à ses propres résolutions, à ses impatiences, et, tandis que dans tous les camps se préparait le grand combat pour la loi des élections, de Serre regagnait à petites journées Paris, où il rentrait le 17 mai 1820, où il était attendu avec une sorte d'anxiété. « A mesure que votre ombre se projette de nos côtés, lui écrivait Froc de La Boulaye, on vous met en scène plus souvent et de mille diverses manières. Chacun se fait un de Serre à sa guise... »

VIII

Chose étrange, jusqu'à la dernière heure, les doctrinaires gardaient la secrète espérance de retenir de Serre ou de trouver avec lui une transaction, ou tout au moins de l'amener à réfléchir encore, à se réserver. Ils auraient voulu devancer tout le monde auprès de lui et être les premiers à lui expliquer une situation où sa présence pouvait tout changer.

A peine était-il rentré à la chancellerie, avant même qu'il fût arrivé, M. Guizot lui adressait lettres sur lettres. « Je vous *conjure* de me dire à quel moment je puis aller passer une demi-heure seul avec vous... Mon cher ami, j'ai un besoin profond, irrésistible, de vous dire quelques mots. Je ne sais, je crains que les uns et les autres, nous ne parvenions guère à causer à fond avec vous, et peut-être dans huit jours nous trouverons-nous séparés sans nous être dit ce qui l'eût empêché, ce qui eût sauvé tant de choses. Je ne me résigne pas à cela... » Le duc de Broglie essayait aussi de voir le garde des sceaux, et la gracieuse duchesse, avant même de recevoir, le jour suivant, la visite de de Serre, se hâtait de lui écrire : « Victor attend que vous lui fassiez dire quelque chose... J'ai un si grand désir que vous ayez causé avec lui avant de vous engager, que vous ayez entendu tout ce qu'il a à vous dire de noble, de sincère, de loyal, pour vous conserver Parmi nous ; j'ai tant d'espoir que sa conscience et la vôtre s'entendront, se réuniront pour ne plus se quitter, que je hasarde cette demande... »

Royer-Collard, à son tour, écrivait à de Serre cette lettre singulière, à la fois cordiale et inquiète : « Vous voilà arrivé. On m'a dit à votre porte que j'aurais pu vous voir dans la matinée, mais que mon laisser-passer était retiré. Je n'en conclus rien, si ce n'est que vous aviez besoin de repos. Il y a entre nous de l'ineffaçable. Nous nous sommes montré nos âmes. J'ai besoin de vous répéter ce que je vous écrivais à Nice : vous êtes pour moi le *dehors !* Je vous aime avec tendresse, et plus d'une fois les larmes me sont venues aux yeux en pensant à vous... Je ne vous demande que de communiquer avec moi par vous-même, par vos impressions, non par celles des autres... » Et le lendemain, après avoir vu de Serre, Royer-Collard lui écrivait encore : « Si, *pour votre malheur* et pour le nôtre, vous êtes engagé, au moins distinguez-vous en *lettres majuscules* de ce misérable ministère. Je ne vous ai pas assez dit hier que, sans cela, vous êtes perdu pour la monarchie et pour la France, et il serait déplorable que vous fussiez perdu... Peut-être dépend-il encore de vous d'imposer une conciliation : pensez-y! » Les adjurations patriotiques se succédaient, plus vives, plus pressantes que lorsqu'on s'écrivait entre Paris et Nice, parce qu'on touchait de plus près à la crise décisive.

Assurément de Serre rentrant à la chancellerie avait ses combats intérieurs, et il aurait voulu croire à cette « conciliation » dont parlait Royer-Collard. Il ne se faisait que peu d'illusions sur la droite, dont il n'était pas l'homme : au fond, il n'avait pas une opinion très-différente de celle de ses anciens amis sur la plupart des mesures qui avaient été adoptées depuis son départ. Cette nouvelle loi des élections, pour laquelle il revenait, prêt à suivre « le rapporteur, M. Lainé, sur la brèche », comme il le disait, cette loi surtout était loin d'être pour lui un idéal. S'il n'y avait eu que des questions partielles dans une situation régulière, on aurait pu s'entendre encore ; mais ce que les doctrinaires ne voyaient pas, c'est que depuis trois mois, sous la pression des événements, il s'était fait entre eux et le garde des sceaux une séparation profonde, plus morale peut-être que politique, plus instinctive que raisonnée. Il y avait du vrai dans ce que Froc de La Boulaye, un jour du mois d'avril, écrivait avec une certaine finesse à de Serre : « Entre vous et les fortes têtes, — les fortes têtes, c'étaient les doctrinaires, — il y a des atomes crochus. Vous vous tenez par certains côtés ; mais vous êtes destinés à vous aimer, à vous admirer de loin : en vous rapprochant, vous ne serez pas d'accord... Tiraillés dans des sens divers, ou la force des choses soumettra vos amis à votre drapeau, ou ils déserteront avec armes et bagages... »

De Serre ne cessait point certes d'être un libéral. Il était profondément attaché aux garanties parlementaires les plus sérieuses, aux institutions libres ; mais, comme il l'écrivait au duc de Broglie, il ne les séparait pas de la monarchie. Il avait le sentiment, la fibre royaliste, et depuis trois mois, quand de loin il suivait avec une attention passionnée ces débats qui agitaient le parlement, il avait été frappé de la recrudescence de toutes les hostilités révolu-

tionnaires, des appels retentissants à l'insurrection,
à un drapeau de révolution. Ce qu'il reprochait à
ses anciens amis, c'était d'avoir été depuis le commencement de cette crise moins des royalistes modérés, constitutionnels, que les alliés d'une opposition
agitatrice, d'avoir contribué à créer une situation
violente où, au risque d'avoir à subir quelques lois
médiocres, il ne restait plus qu'à tenir tête à une
attaque organisée, grandissante. C'est ce qui le séparait des doctrinaires.

C'est l'esprit tout ému de ces préoccupations et de
ces pensées que de Serre faisait dès le 18 mai sa
rentrée dans la Chambre, où son apparition était
une sorte d'événement. La discussion de la loi des
élections était déjà ouverte depuis le 15. Il y avait
quatre-vingt-quatre orateurs inscrits contre le projet,
tel que le rapporteur, M. Lainé, l'avait exposé. Foy
avait le premier engagé le feu ; Royer-Collard avait
prononcé un de ses discours les plus éclatants pour
la défense de l'égalité de suffrage ; M. de Labourdon-
naye, M. de Cateslbajac, M. de Bonald, avaient parlé
pour la droite, — et chaque jour, depuis la première
heure, une foule bruyante s'amassait autour du
Palais-Bourbon, attirée par le grand débat. La passion de la rue répondait au signal des chefs de partis.

On se trouvait maintenant en pleine action. Les orateurs se succédaient, évoquant tour à tour ces éternelles images des factions démagogiques ou de l'ancien régime. De Serre, encore faible et visiblement éprouvé par la maladie, suivait la discussion sans dire un mot, laissant tout au plus voir ses impressions aux mouvements nerveux de sa physionomie. Il se contenait et il attendait, lorsque, le 27 mai, M. de la Fayette reproduisait dans la Chambre une de ces scènes à demi révolutionnaires qui avaient si vivement frappé le garde des sceaux quand il était loin de Paris. M. de la Fayette, du ton dégagé et hardi d'un gentilhomme radical, se plaisait à réveiller les souvenirs de la Révolution, à parler des « folies » de l'émigration, du 10 août, du drapeau tricolore, et il signifiait à peu près à la Restauration qu'elle avait rompu son pacte avec la nation en violant la Charte, qu'on était désormais libre envers elle. Aussitôt de Serre s'élançait à la tribune, et d'un accent frémissant il relevait tous ces défis :

« Le préopinant, disait-il, nous a entretenus de deux époques, les premiers temps de la Révolution et le moment actuel. La première époque appartient à l'histoire, et l'histoire, qui la jugera, jugera aussi l'honorable membre... L'honorable membre a été à la tête de ceux qui ont attaqué et renversé l'ancienne monarchie. Je suis convaincu que des sentiments exaltés, mais généreux, l'ont déterminé. Il devrait être assez juste pour ne pas imputer aux victimes de ces temps tous les maux d'une Révolution qui a pesé si cruellement sur eux.

« Ces temps n'auraient-ils pas laissé à l'honorable membre de douloureuses expériences et d'utiles souvenirs? Il a dû éprouver plus d'une fois, il a dû sentir, la mort dans l'âme et la rougeur sur le front, qu'après avoir ébranlé les masses populaires, non-seulement on ne peut pas toujours les arrêter quand elles courent au crime, on est souvent forcé de les suivre et presque de les conduire... Mais laissons nos anciens débats, et songeons au présent... L'honorable membre déclare que les actes de la législature, que vos actes ont violé la constitution, et qu'il se croit délié de ses serments. Il le déclare en son nom et en celui de ses collègues; il le déclare à toute la nation! Il ajoute à ces déclarations un éloge aussi affecté qu'inutile de ces couleurs qui ne peuvent plus être aujourd'hui que les couleurs de la rébellion. Et ce scandale est renouvelé pour la seconde fois à la tribune! Je demande quel peut en être le but. Et si des insensés au dehors, séduits, excités par ces paroles criminellement imprudentes, se portaient à la sédition, sur la tête de qui devrait retomber le sang versé par le glaive de la révolte ou par le glaive de la loi?... »

A ces mots, un mouvement extraordinaire remplissait la Chambre. Dès lors, le gouvernement semblait s'éclipser ou se concentrer dans un seul homme reparaissant après quatre mois d'absence. L'opposition sentait qu'elle avait devant elle un athlète capable de la contenir et de la dominer. L'assemblée retrouvait un guide dans cette discussion laborieuse, où à chaque instant il y avait à faire face à l'imprévu. La situation était d'autant plus émouvante qu'on voyait parfois la force près de manquer à cet intrépide combattant de la parole. Un jour même, on fut obligé de lui porter à la tribune un fauteuil pour lui permettre de reprendre haleine.

De Serre n'était entré d'abord qu'incidemment dans le débat par sa vive apostrophe à **M.** de la Fayette. Il y entrait bientôt à fond, avec toute la supériorité de son esprit, à propos d'un amendement d'opposition que Camille Jordan avait présenté et qui aurait établi dès lors ce qu'on appellerait aujourd'hui le vote par arrondissement. Le garde des sceaux saisissait cette occasion d'embrasser la question tout entière, en analysant avec feu les conditions politiques de la France, en montrant comment etait née et s'était imposée la nécessité d'une réforme de la loi électorale du 5 février 1817. Il traçait ce tableau d'un trait rapide et ferme, en homme qui pouvait se tromper et avoir lui aussi ses illusions, mais qui cherchait certainement avec une sincérité ardente le moyen d'obtenir ce qu'il appelait « un large et vigoureux système de représentation ».

Et, chemin faisant, il relevait les objections, les contradictions, les récriminations de ses adversaires. A ceux qui voyaient déjà la France nouvelle ramenée à l'ancien régime, il répliquait avec fierté, sans craindre de réveiller des souvenirs importuns pour la droite : « S'agit-il des intérêts nouveaux? Avant l'ordonnance du 5 septembre, le gouvernement du roi les a crus menacés, et il est accouru à leur défense. Depuis le 5 septembre, le ministère, pressé d'une foule d'autres difficultés, n'en a pas moins multiplié autour de ces intérêts nouveaux tous les gages, toutes les garanties qu'ils pouvaient désirer. Quant à nous, quels que soient ceux qui se portent aujourd'hui défenseurs de ces intérêts, nous pouvons leur dire : Quoi que vous ayez fait pour eux, vous n'avez pas fait plus que nous. » Et c'était vrai!

A ceux qui accusaient le gouvernement de subir le joug d'un parti, il répondait avec hauteur que le gouvernement avait la prétention de n'être asservi à aucun parti, qu'il entendait gouverner avec indépendance, « dans les bornes de la modération et de la justice », sans partialité et sans exclusion, et il prononçait ces mots à l'adresse de tous les partis exclusifs : « On commence par exclure, et l'on finit toujours par proscrire. » Enfin, à ceux qui traitaient comme un misérable expédient le dernier projet électoral du ministère, il rappelait, non sans amertume, que leur opposition avait rendu impossible un système plus large, — qu'il regrettait, quant à lui, qu'il essayait de faire revivre par son langage. Vives répliques, traits saisissants, démonstrations animées, tout s'enchaînait dans ce discours avec une ardente logique. Le rejet de l'amendement de Camille Jordan était comme le premier gage d'une victoire encore incertaine et sûrement chère à conquérir.

Un moment, au milieu de ces débats qui ne faisaient que s'enflammer en se prolongeant, où la raison avait moins de place que les passions, une péripétie singulière éclatait, l'idée d'une transaction reparaissait à l'improviste. Un membre du centre gauche, un ami de Royer-Collard, M. Courvoisier, reprenait

le premier projet de de Serre, et, avec l'augmentation du nombre des députés, avec le renouvellement
intégral, il proposait les deux colléges tels que le
garde des sceaux les avait d'abord conçus. M. Courvoisier et ses amis cherchaient visiblement une
conciliation. Les négociations intimes, qui ne cessaient pas, avaient sans doute préparé ce coup de
théâtre. On le dirait d'après une lettre que M. Guizot écrivait à de Serre la veille de la présentation
de l'amendement de M. Courvoisier, et où il
disait : « Vous voyez la position : votre loi actuelle
peut passer, mais vous savez à quel prix. Voici ce
que Royer, qui est hors d'état de sortir ce soir, m'a
chargé de vous dire... — Tout peut être perdu ou
sauvé demain. »

Le fait est que le lendemain, en pleine séance,
de Serre paraissait accepter la proposition, et c'est
là justement qu'était la péripétie. Cette évolution
apparente du garde des sceaux déconcertait la
droite, étonnait les autres ministres eux-mêmes,
qui désavouaient presque leur collègue. La situation
pouvait encore changer de face. Puis tout à coup
M. Courvoisier élevait des restrictions : il n'avait
pas entendu accorder le double vote aux plus imposés dans leur arrondissement et au collége de

département! Il avouait qu'il y avait eu équivoque, et de Serre, poussé à bout, s'écriait avec impatience : « On s'est mépris, dit-on. La méprise est incroyable! J'en suis affligé, il n'y a rien de fait; le gouvernement tient ferme dans la défense du projet de loi soumis à la discussion de la Chambre. » Et la bataille recommençait plus acharnée; mais déjà la question ne s'agitait plus seulement dans la Chambre, elle avait passé dans la rue.

IX

Depuis quelques jours, en effet, tout s'aggravait étrangement dans Paris. Les rassemblements n'avaient cessé de s'accroître et de s'animer autour du Palais-Bourbon. Aux démonstrations libérales qui escortaient la chaise à porteurs de M. de Chauvelin, se rendant malade à la Chambre, répondaient les démonstrations royalistes. On échangeait les cris, les menaces, les insultes sur le passage des députés, selon leur opinion connue. Les rixes, les conflits, n'avaient pas tardé à éclater. L'effervescence bruyante, mais assez inoffensive, des premiers instants était devenue une agitation préméditée, organisée, qui gagnait bientôt le centre de la ville et allait même tourbillonner autour des Tuileries. Le gouvernement avait dû déployer l'appareil de la force publique, les moyens de police, jusqu'à des charges de cavalerie, et il en était résulté des accidents douloureux, du sang versé, des victimes dont l'une était un étudiant, le jeune Lallemand. Les funérailles de ce jeune homme étaient une occasion de trouble habilement exploitée.

Tout servait de prétexte à des excitations persistantes, à une sorte d'insurrection qui, sans éclater, s'essayait partout, frémissait sans cesse aux portes de la Chambre. Du 1er au 10 juin, la situation de Paris avait le caractère le plus critique, et chaque jour, à l'ouverture des séances, les députés venaient porter le bulletin des troubles de la ville, de ce qu'ils appelaient les violences de la soldatesque, les excès de la répression. Le « sensible et véhément » Camille Jordan lui-même remplissait la tribune de son émotion. Benjamin Constant, Manuel, Laffitte, Casimir Périer multipliaient les accusations contre le ministère, réclamaient la suspension des séances de la Chambre, la réunion de la garde nationale.

Menacé à chaque instant d'être vaincu par le mal, de Serre retrouvait une énergie nouvelle et un courage à la hauteur des circonstances.

Certes il éprouvait autant de chagrin que qui que ce soit de la situation de Paris. Il avait avec ses collègues la responsabilité de la paix à maintenir ou à rétablir dans la ville; seul pendant quelques jours, il portait devant la Chambre le poids de la défense du gouvernement, faisant face à tout le monde avec une intrépidité, une énergie, une puissance de parole, qui ont fait dire depuis au duc de Broglie, témoin de ces scènes, que c'était « une lutte homérique ».

Il ne se bornait pas à se défendre, il marchait droit sur ses adversaires, qu'il accusait d'avoir allumé et d'entretenir l'agitation par leurs discours. « On vient de chercher à exciter votre douleur et votre indignation, disait-il. Ces sentiments sont justes, ils doivent être profonds; mais l'indignation doit surtout remonter aux auteurs de cette rébellion, aux hommes qui l'ont depuis longtemps préparée et qui maintenant la dirigent... Que penserez-vous de tous les efforts faits à cette tribune pour enflammer les esprits, pour les pousser aux dernières extré-mités, pour diriger l'animadversion contre le gouvernement, pour ajouter aux malheurs, au sang versé? Nous la redoutions, cette effusion du sang, aux premières paroles incendiaires qu'à notre arrivée dans cette Chambre nous entendîmes proférer. Nous nous élançâmes à la tribune et nous dîmes : Si la révolte éclate, le sang versé retombera sur vous! Que penserez-vous de ces attaques violentes dirigées contre des lois que vous avez vous-mêmes rendues dans cette session? Je dirai qu'alors, loin de vous, je voyais avec douleur rendre ces lois, qui ne me paraissaient pas suffisamment nécessaires, mais dont les événements d'aujourd'hui ne justifient que trop bien la nécessité... »

Et lorsqu'on proposait de suspendre les séances de la Chambre, comme si la voix du parlement devait se taire devant la sédition, de Serre se relevait avec fierté, et répliquait d'une voix dominatrice : « Je n'ai qu'un mot à dire de la proposition qui vous est faite de suspendre vos délibérations. Ce n'est qu'un prétexte sans doute, mais c'est un honteux prétexte. Ce qu'on vous propose serait une lâcheté. Si véritablement il y avait danger pour vous, il ne faudrait pas suspendre vos délibérations, il faudrait faire ce que font en tous pays les assemblées délibérantes dans les circonstances périlleuses : elles se déclarent en permanence. C'est alors que les grands conseils nationaux entourent le trône de leurs forces et de leurs secours... »

Ce jour-là, il dominait fièrement ses adversaires, et, quelle que fût la valeur d'une loi débattue à travers tant de dramatiques péripéties, de Serre, dans cette discussion, restait le vrai et sérieux libéral en revendiquant, en maintenant jusqu'au bout devant la sédition la liberté et la dignité des institutions parlementaires. Chose curieuse pourtant, parmi les hommes qui, dans ces luttes ardentes, ne cessaient de harceler le ministère de 1820 et ce garde des sceaux intrépide toujours sur la brèche, quel était un des plus véhements, un des plus impétueux ? C'était Casimir Périer !

Franchissez quelques années à peine, moins de douze ans : Casimir Périer est ministre à son tour, ministre d'une monarchie nouvelle qu'il veut faire vivre. Et, lui aussi, il tient le pouvoir au milieu des séditions, des complots, des orages populaires et parlementaires. Lui aussi, il voit l'émeute dans la rue, les manifestations autour du Palais-Bourbon, le trouble dans la Chambre. Il rencontre sur son chemin les hostilités implacables, les imputations outrageantes ; il est accusé d'organiser les « assas-

sinats » avec sa police, de soudoyer les émeutes
pour se donner le plaisir de les réprimer, de violer
les lois, la Charte, de méditer des coups d'État! Et
lui aussi, non plus seulement pendant quelques
jours, — pendant des mois il fait face à tout avec
une égale intrépidité, par les moyens qu'a employés
son prédécesseur, qui ne changent guère avec les
gouvernements. Lui aussi, il est au pouvoir comme
au combat. Il est même plus exigeant avec ses amis,
dont il supporte mal la dissidence, et c'est lui qui
s'écrie : « Je me moque bien de mes amis quand
j'ai raison; c'est quand j'ai tort qu'il faut qu'ils me
soutiennent. »

Le chef d'opposition, devenu chef du gouvernement, était fait pour se mesurer avec l'anarchie;
il aurait pu faire un retour sur lui-même, et, si je
ne me défends pas de ce rapprochement, ce n'est
point pour offenser une grande mémoire, c'est pour
montrer par le plus illustre exemple que les hommes,
quand ils attaquent leurs émules ou leurs adversaires, devraient bien songer à ce qu'ils seront
peut-être obligés de faire à leur tour. Casimir Périer
a été le de Serre de 1831 ; de Serre était le Casimir
Périer de 1820, recevant les assauts sans se laisser
ébranler, recommençant chaque jour et poursuivant

à travers tout la discussion de la loi qu'on lui disputait, dont il avait à cœur d'assurer le succès.

Cependant, au point où en étaient arrivés ces débats de 1820, après vingt-cinq jours orageux, on ne pouvait aller plus loin, il fallait un dénoûment. D'abord le garde des sceaux lui-même était à bout de forces; il ne se soutenait plus que par une sorte d'héroïsme de volonté. Il le disait le soir du 8 juin : « Pour mon compte, si ça ne finit, je finirai : je suis abîmé! » Ses amis le sentaient encore plus pour lui. M. Decazes lui écrivait : « Vous m'avez fait frémir à la tribune, et je viens de vous lire presque sans respirer. Je tremble que vous n'ayez écouté votre courage plus que vos forces, et que vous ne payiez cher votre dévouement. » D'un autre côté, l'agitation des rues commençait à plier sous une répression énergique, et dans l'intérieur de la Chambre l'opposition vigoureusement contenue se sentait impuissante. La passion s'épuisait!

Les uns, les plus extrêmes, hésitaient avant de pousser plus loin une résistance dont ils devraient aller prendre la direction ostensible et la responsabilité; les autres, en bien plus grand nombre, voulaient bien combattre la loi des élections, harceler le gouvernement, mais ils ne voulaient pas paraître

pactiser avec la sédition : ils se sentaient respon-
sables de la continuation des troubles. L'inquiétude
gagnait les esprits les plus fermes, — et tout finissait par un amendement d'un député assez obscur,
M. Boin, qui reprenait la proposition de M. Courvoisier, telle que le garde des sceaux l'avait toujours
comprise. Au bout de tout, la droite, sauf quelques
ultras, le centre gauche et même une partie de la
gauche réunissaient leurs voix sur cet amendement,
qui consacrait, il est vrai, le double vote en faveur
des plus imposés, mais qui avait sur le dernier
projet ministériel l'avantage de maintenir le principe
de l'élection directe. Le reste n'avait plus qu'une
importance secondaire.

Elle était donc votée, cette loi qui a gardé le sur-
nom de loi du « double vote », qui a subi l'impopu-
larité à sa naissance, — et voilà la vanité des passions humaines, elle a déjoué toutes les prédictions!
Elle n'a justifié ni les craintes ni les espérances
qu'elle avait inspirées. Elle n'était pas aussi vio-
lemment tyrannique qu'on le disait, puisqu'au bout
de peu d'années elle n'empêchait pas l'opinion
libérale de triompher par le scrutin. Elle n'était pas
une œuvre de salut pour la monarchie, comme le
croyaient les royalistes, puisqu'elle n'a rien sauvé.

C'est qu'en définitive elle n'était qu'un incident, une sorte de mot d'ordre de combat dans une situation dont la gravité se résumait dans le réveil des hostilités révolutionnaires et dans la scission éclatante des forces modératrices de la monarchie constitutionnelle.

X

Et maintenant ce drame qui vient de passer par toutes ces phases de correspondances familières entre Paris et Nice, de conversations éloquentes, de discussions orageuses dans la Chambre, ce drame a un épilogue. — Quelle que fût la victoire du ministère, en effet, elle était payée chèrement par ces divisions et ces scissions qui se mêlaient à la crise de 1820, qui devaient avoir des suites et qui vont rejoindre dans l'histoire politique d'autres grandes ruptures entre des hommes d'élite également doués du génie de la parole.

Qui ne se souvient de ces scènes pathétiques du parlement anglais de la fin du dernier siècle où

Burke et Fox se séparaient publiquement après de longues années d'une alliance affectueuse et confiante? Ces scènes se passaient devant Pitt, qui assistait impassible aux explications émouvantes de ses deux grands adversaires, dont la querelle devenait pour lui une force de plus.

Il s'agissait en apparence du bill de Québec, de l'organisation du Canada; en réalité, c'était la Révolution française qui remplissait la discussion, qui divisait les deux amis. Il y avait eu déjà quelques signes de mésintelligence à propos des événements de France, que Charles Fox exaltait avec sa généreuse nature, dont Burke redoutait les effets pour l'Angleterre; ce jour-là, les dissentiments d'opinion allaient jusqu'à la violence, jusqu'à un échange de récriminations amères et blessantes. « Fallait-il, s'écriait Burke en montrant Fox, fallait-il donc qu'après une intimité de vingt-deux ans, sans la moindre provocation, il me blessât dans mes croyances les plus chères et jusque dans les confidences de mon amitié? A l'époque de la vie où je suis arrivé, il est peu raisonnable de donner à ses amis une cause de rupture et d'abandon; mais je suis si fortement, si invariablement attaché à la constitution anglaise que je ne puis hésiter. — Ce n'est pas une rupture d'amitié, disait

Fox. — C'est une rupture d'amitié, reprenait Burke. Je sais ce qu'il m'en coûte, j'ai fait mon devoir au prix de la perte d'un ami. Notre amitié est finie ! » — Et plus ils s'expliquaient, plus ils s'offensaient.

La rupture de de Serre et des doctrinaires, en égalant par la valeur des hommes celle des deux grands Anglais, n'avait pas eu cet éclat public ; au fond, elle avait été, bien plus que les violences de la gauche ou de la droite, le profond intérêt moral de la discussion sur la loi des élections. Royer-Collard, dans le discours qu'il avait prononcé, avait de Serre devant la pensée ; de Serre, en répondant à Camille Jordan, semblait s'adresser à Royer-Collard. C'est le duc de Broglie qui l'a dit depuis : « Il y avait une amertume d'amitié que la Chambre ne comprenait pas, mais qui était entendue par ceux qui les connaissaient... On oubliait tout en présence de cette lutte, à laquelle la maladie des deux adversaires donnait un caractère touchant. » Camille Jordan, rencontrant de Serre, lui disait : « Je pleure sur vous. — Et moi sur vous », répondait le garde des sceaux.

Au dernier moment, il est vrai, les doctrinaires avaient fini par se retrouver avec le gouvernement dans le vote de cet amendement de M. Boin, qui avait dénoué le conflit, et ils pouvaient croire que rien n'était irréparable, qu'un rapprochement serait encore possible : mais on avait été trop divisé de sentiments et de pensées depuis quelque temps, on s'était trop blessé! Camille Jordan surtout avait profondément froissé le ministère, le garde des sceaux par son attitude presque violente à l'occasion des troubles de Paris. Il y avait des positions prises de part et d'autre, et de cette situation même qui survivait à la crise aiguë des premiers jours de juin, naissait une question qui allait achever la rupture. Royer-Collard, Camille Jordan, M. Guizot étaient conseillers d'État; M. de Barante était directeur des contributions indirectes. Les uns et les autres avaient des fonctions de l'État, et restaient à des degrés divers des alliés de l'opposition. Le gouvernement devait-il accepter que les mêmes hommes fussent à la fois des fonctionnaires et des adversaires? On était alors si novice, si chatouilleux sur ces actes de parti, que la question coûtait à résoudre!

Le duc de Richelieu, plus particulièrement irrité, insistait pour les mesures de rigueur à l'égard de ceux qu'il considérait désormais comme des ennemis. Quelques autres ministres hésitaient à la pensée de frapper de tels hommes et en songeant que l'appui des doctrinaires ne leur serait pas inutile contre les exigences de la droite. De Serre, malgré les griefs qu'il croyait avoir, eût certainement voulu maintenir ses anciens amis dans leur position, et ce n'est qu'avec peine qu'il se résignait à annoncer, avec des nuances différentes, à Royer-Collard, à Camille Jordan et à M. Guizot qu'ils n'appartenaient plus au conseil d'État. « C'est avec douleur, disait-il à Royer-Collard, que cette main qui a si souvent serré la vôtre remplit le devoir de vous annoncer qu'il a été impossible de vous conserver sur le tableau du service ordinaire du conseil. Je n'ai admis cette impossibilité qu'après de longs combats intérieurs; mais vous savez que je n'avais épargné ni soins ni prières pour que nous vissions des mêmes yeux les périls de la royauté... Vous avez vu le danger, vous avez obstinément et vivement contrarié tous les efforts du gouvernement pour y échapper... J'espère que plus tard l'énergie naturelle de votre esprit vous sortira d'erreur et que vous serez amené par la générosité de votre caractère à nos premières et meilleures déterminations... » Et en même temps il annonçait à Royer-

Collard que le Roi, qui n'oubliait pas « ses services et son dévouement », lui accordait le titre de conseiller d'État honoraire avec une pension de 10,000 francs sur le sceau. — Les lettres à Camille Jordan et à M. Guizot étaient plus officielles ou moins cordiales, quoiqu'il y eût un dernier témoignage d'égard et de regret. Quant à M. de Barante, le plus sage, le plus modéré des doctrinaires, il était mis à part ; il avait une mission diplomatique en Danemark, — où il ne devait jamais aller, comme il l'a dit lui-même avec un spirituel et laconique sentiment de dignité.

Le coup était rude, plus rude qu'imprévu, et, partant d'une telle main, il frappait deux fois ceux qu'il atteignait, qui pouvaient voir dans cet acte de représaille ministérielle une grande amitié perdue, le dernier mot d'une longue crise intime. Les uns et les autres recevaient la disgrâce dans la mesure de leur caractère et de leur esprit. Je ne parle plus de M. de Barante, qui savait concilier avec autant de tact que de noblesse ce qu'il devait au garde des sceaux et ce qu'il devait à ses autres amis. M. Guizot, à qui l'on attribuait une prétendue pension qu'il aurait été censé toucher sur le ministère des affaires étrangères, mais qu'il ne touchait pas réellement, M. Gui-

zot rejetait toute pension et mettait un peu d'affectation à revendiquer une entière indépendance.
Camille Jordan se vengeait par une lettre verbeuse,
pointilleuse et irritée.

Royer-Collard, en écrivant une dernière fois à
de Serre, avait un accent profond d'amitié blessée
et de dignité émue. « Je ne dois de réponse, disait-il,
qu'au dernier paragraphe de votre lettre. J'adresse
cette réponse, non au ministre, non à l'ancien ami
dont je détourne ma pensée, mais à l'homme sincère et vrai qui, ayant connu mes sentiments les
plus intimes, saura peut-être mieux que moi mettre
ma conduite dans son véritable jour. Je sais quel
respect est dû au nom du Roi ; ses bienfaits obligent
presque comme ses ordres. Je ne voudrais pas lui
désobéir, et cependant je ne puis pas accepter une
pension sur le sceau *en considération de mes services.* » Royer-Collard, en rappelant quels avaient
été ces services, en refusant un « traitement secret
qui les dégraderait », ajoutait aussitôt : « Il n'y a
point de faste dans ce refus ; il m'est dicté par une
répugnance invincible et pour ma seule défense.
Personne n'est plus en état que vous de le faire
agréer au Roi par une interprétation équitable ; je
vous demande ce bon office. Vous me dites que Sa

Majesté compte sur moi; elle rend justice à mes
sentiments. Une disgrâce honorable encourue pour
son service est un attrait de plus pour ma fidélité. »

Le duc de Broglie, de son côté, avait vu de Serre
une dernière fois avant le coup qui frappait ses
amis; il avait rencontré le garde des sceaux se rendant au Luxembourg, et il avait échangé avec lui
« quelques paroles tristes et solennelles » : depuis,
« tout rapport avait cessé ». Quelques mots écrits
deux mois après de Coppet par la duchesse de
Broglie révèlent une amitié survivante, mais résolue
à se taire. La rupture était complète !

XI

Lorsque de Serre avait écrit ses lettres de révocation, il partait pour le mont Dore, où il allait se
remettre de tant de luttes, et c'est là qu'il recevait
l'écho du bruit que la grande démonstration d'autorité faisait dans Paris. Naturellement les royalistes
triomphaient; les libéraux modérés s'attristaient.

Les lettres que les victimes avaient adressées au garde des sceaux couraient la ville. Froc de La Boulaye, qui n’avait pas cessé ses rapports avec Royer-Collard, avait attendu quelques jours pour aller le voir ; il l’avait trouvé calme, maître de lui, se complaisant dans son attitude, et il se hâtait d’écrire à de Serre : « On m’a parlé de vous avec de grands égards, mais avec un peu de froideur. On reconnaît que l’on se trouve placé dans une situation difficile... Chacun doit avoir pour soi la raison, le bon droit ; c’est au temps à prouver les erreurs... On m’a répété qu’on était convaincu que vous aviez cru bien faire, et sous le plus grand secret, avec invitation même de ne vous en rien dire, on m’a confié que la seule chose qu’on eût trouvée poignante avait été cette association de disgrâce avec Guizot, que vous aviez beaucoup plus caressée et écoutée qu’il ne vous convenait de le faire et qu’on ne vous y engageait. » La malignité survivait et perçait dans la disgrâce. De Serre, quant à lui, avait emporté l’émotion profonde d’une rupture qu’il avait jugée nécessaire, puisqu’il l’avait acceptée, et qu’il n’appelait pas moins un « douloureux déchirement » ; il y trouvait une « vraie peine de cœur », et il en souffrait peut-être aussi dans sa prévoyance de ministre.

Assurément l'acte qui venait de s'accomplir n'avait par lui-même rien d'exorbitant, et M. de Richelieu, dans l'illusion de son honnêteté, pouvait croire qu'il n'y avait rien de plus simple, rien de plus conforme au régime parlementaire, que de se séparer quand on n'avait plus les mêmes opinions ; mais, dans les conditions où se trouvait la France, au point où l'on arrivait, cette disgrâce de quelques hommes d'élite avait une bien autre portée. Elle devenait, par une sorte de force de choses, le signe frappant d'une évolution plus qu'à demi accomplie, la marque visible de la prépondérance croissante des royalistes, de la fin des idées de transaction libérale qui avait plus ou moins régné depuis le 5 septembre 1816. Ce n'était plus même la crise de la politique modérée, c'était le commencement du déclin, précédant l'éclipse, et de la politique elle-même et des hommes, qui, à leur tour, se voyaient déjà menacés de n'être plus assez purs au gré d'une réaction grandissante. Le duc de Richelieu et de Serre venaient de sacrifier les doctrinaires ; qui allait sacrifier de Serre et le duc de Richelieu ?

IV

L'ÉCLIPSE D'UNE POLITIQUE ET LA FIN D'UN HOMME D'ÉTAT. — DE SERRE A NAPLES.

I

Il y a dans nos crises publiques un problème d'une grave et émouvante philosophie qui se reproduit sans cesse. Tous ces régimes qui depuis quatre-vingts ans ont passé sur la France, qui diffèrent de nom, d'origine et de caractère, ces régimes ont un même destin. Ils auraient pu vivre ou du moins ils semblent réunir quelques-unes des conditions essentielles de la durée, et successivement, fatalement, ils périssent par l'exagération de leur propre principe, par le fanatisme de leurs partisans, par l'esprit de domination exclusive. Ils ont leur croissance et leurs beaux jours tant qu'ils savent se modérer et se conduire, tant que, pa les influences qui les

13.

gouvernent, ils répondent à un certain ensemble d'intérêts et d'instincts nationaux. Un moment vient où l'équilibre se rompt, où l'esprit de parti l'emporte, et alors c'est le déclin qui commence, un déclin entrecoupé de toutes sortes de péripéties, voilé par instants encore d'apparences de succès, caractérisé ou accéléré par des scissions irréparables. On en était là en 1820, au lendemain des scènes tumultueuses du mois de juin et de cette discussion ardente de la loi des élections où un homme presque seul, par son intrépidité et la puissance de sa parole, venait de tenir tête aux plus violents assauts.

Depuis cinq ans, la Restauration avait passé par toutes les phases, oscillant entre les partis, tour à tour attirée ou menacée par les passions, par les chimères d'ancien régime qui voyaient en elle leur propre victoire, et par les instincts vivaces d'une France nouvelle qui, sans être ennemie, restait défiante. Elle avait essayé de se fixer dans une politique de modération qui avait pour objet une patriotique et libérale réconciliation de la monarchie traditionnelle et de la société sortie de la Révolution. Cette politique, elle l'avait inaugurée par l'ordonnance du 5 septembre 1816 ; elle l'avait pratiquée sous les auspices d'un roi sage, par une série de ministères évidemment bien intentionnés ; elle l'avait défendue contre les fureurs de réaction, contre les ultras, au risque de subir cette condition étrange d'avoir une opposition de royalistes et des majorités à demi composées de libéraux. C'était la première partie de sa carrière. — Maintenant, cette politique, elle la défendait, elle croyait avoir à la défendre contre les passions révolutionnaires qui se réveillaient autour d'elle, qui se manifestaient par l'élection d'un conventionnel à demi régicide, par le meurtre d'un prince, par les menées conspiratrices. Après avoir contenu « l'aile droite », selon le mot de M. de Richelieu, elle se sentait débordée par « l'aile gauche, bien autrement redoutable parce qu'elle avait ses réserves derrière elle », et pour faire face à cette « aile gauche », la Restauration se repliait d'un mouvement presque effaré vers la droite, jusque vers les royalistes extrêmes. Elle revenait sur ses pas, au risque de paraître se désavouer dans son passé, de livrer peut-être son avenir, et de se trouver pour le moment sans point d'appui avec un centre désorganisé entre deux « ailes » irréconciliables, également menaçantes.

La rupture avec des libéraux tels que Royer-Collard, Camille Jordan, le duc de Broglie, M. de

Barante, devenait dans ces conditions le signe révélateur et émouvant de l'évolution qui s'accomplissait, d'un brusque déplacement de direction et d'équilibre. Elle mettait subitement à nu le fond des choses ; elle rendait plus sensible, par ce « déchirement douloureux » entre des hommes d'élite, la marche rapide d'une réaction qui exigeait déjà de tels sacrifices, et ce n'est pas sans quelque raison que Royer-Collard pouvait bientôt écrire dans l'intimité : « Il y a des siècles entre les dernières années et le temps qui court... »

S'il n'y avait pas des siècles entre l'été de 1819 et l'été de 1820, il y avait des événements qui avaient tout modifié, la situation, les rapports des partis, les dispositions des hommes. La Restauration avait changé de route ; elle venait de s'engager sur une pente où désormais l'unique question était de savoir comment on pourrait se retenir, quel allait être le sort d'un ministère qui se flattait encore de rester modéré en se séparant des modérés et de gouverner avec les royalistes sans s'asservir à leurs passions.

II

On raconte qu'un soir du mois de juin 1820, au sortir d'une des plus violentes séances de la discussion orageuse de la loi des élections, de Serre, rentrant à la chancellerie, était tombé épuisé sous le poids des luttes de tribune et des émotions. Il était resté longtemps accablé et silencieux, puis d'un accent attristé il avait dit, parlant de cette loi qu'il venait de faire triompher : « Elle donne dix années de répit aux Bourbons, dix années de prospérité à la France ! » Quelques jours plus tard, au moment de la pénible révocation des doctrinaires ses amis, de Serre, s'entretenant un matin avec M. de Barante, avait dit à celui-ci : « Nous entreprenons une chose difficile, et sans doute vous trouvez le succès peu probable. Nous voulons *gouverner raisonnablement en nous appuyant sur la droite.* Si nous réussissons, si nous assurons le repos du peuple, il est évident que nous aurons eu raison ; vous n'aurez plus à nous blâmer, et vous reviendrez peut-être à nous. Si nous échouons, cette apparence de disgrâce vous sauvera de toute responsabilité et vous laisserait, j'espère, en bonnes relations avec vos amis. »

De Serre, pour parler ainsi de la situation de 1820, avait évidemment plus de sincérité courageuse que d'illusions. Il ne se méprenait pas sur la valeur d'une victoire qu'il appelait un « répit », sur ce qu'il représentait lui-même comme une expérience d'un succès incertain. Il croyait seulement à un danger pressant, à la nécessité de défendre la monarchie contre des recrudescences d'esprit révolutionnaire qu'il voyait partout, que selon lui ses amis les doctrinaires ne voyaient pas assez. Cette défense, il l'acceptait comme un devoir d'honneur à tout risque, et, dans ces luttes nouvelles, son dernier rêve était de rester attaché à un idéal de gouvernement « raisonnable », de former une arrière-garde de la modération. C'était la politique, c'est resté le caractère historique du second ministère Richelieu.

Oui, sans doute, ce ministère de deux ans, — 1820-1821, — avait l'ambition aussi généreuse que naïve de modérer la réaction, de ne pas tout livrer à la droite, dont il recherchait et redoutait à la fois l'alliance impérieuse. Il le voulait, et après avoir donné aux royalistes des lois répressives, une loi des élections qui devait presque fatalement leur assurer une majorité, — en leur prodiguant les concessions d'influence, de positions, de dignités, il croyait garder encore la force de résister à leurs exigences et à leurs folies. « Ne pas effrayer le pays des ultras », c'était dès le premiers jours le mot d'ordre dans le gouvernement. Froc de La Boulaye écrivait à de Serre, qui avait cette vive préoccupation et qui venait de partir pour le mont Dore : « Ce que j'ai communiqué hier au duc est venu d'autant plus à propos que le vent y souffle. Tous sentent la nécessité de ne point effaroucher ; on reconnaît comme vous que les prétentions seraient immenses et qu'on ne pourrait les satisfaire sans folie ; votre opinion ne trouvera dans le conseil que des échos... On a été frappé de ce qu'une lettre de M. de La Ferronnays, de Pétersbourg, disait, sur la nécessité de tenir ce parti de très-court, précisément ce que vous dites. » M. Pasquier, de son côté, écrivait dans ses lettres intimes : « Nous ne pouvons plus sans péril rien faire qui ait l'air de flatter ce parti. » Le président du conseil, le duc de Richelieu lui-même, partageait entièrement cette opinion.

Ce personnage, séduisant de patriotisme sans faste et de dignité simple, tout en avouant son « faible » pour la droite, avait assez de lumières dans l'esprit pour comprendre que la Restauration ne devait pas être une réaction. Le duc de Richelieu voulait bien faire aux royalistes une part aussi large que possible dans le gouvernement, et en même temps il mettait son honneur à rappeler des bannis, comme le général Clausel, à effacer la trace des proscriptions de 1815. Il avait conçu un projet singulier qu'il communiquait confidentiellement au garde des sceaux et par lequel il espérait populariser la dynastie. Il voulait, au risque de toucher à « l'arche sainte », ainsi qu'il le disait par une douce raillerie, ouvrir la cour aux classes nouvelles, créer une école de pages où seraient admis les enfants de la bourgeoisie, du commerce, aussi bien que les enfants de toutes les noblesses. « Ce serait, ajoutait-il, un commencement de fusion qui produirait un bon effet. »

En un mot, le ministère, avec ses bonnes intentions, avec l'ascendant européen d'un duc de Richelieu, la vigueur de parole d'un de Serre, l'habileté de M. Pasquier, de M. Roy, ce ministère n'avait certes rien que de modéré et de rassurant ; mais il ne voyait pas que par sa politique de condescendance incessante pour la droite il était désarmé et entraîné, qu'il faisait les affaires du ses nouveaux alliés sans les gagner, qu'il se condamnait presque fatalement à une retraite pénible devant les royalistes purs dont il préparait le règne.

Tout conspirait contre lui dès le premier jour ; tout commençait à lui manquer, même le Roi, dont la volonté avait livré son dernier combat dans les scènes de famille qui avaient suivi la mort du duc de Berry. Jusque-là Louis XVIII avait eu de la fermeté, il avait tenu tête aux « ultras », aux séides du comte d'Artois, aux royalistes qui prétendaient s'imposer à lui. Depuis quelque temps, il venait de passer sous l'influence fascinatrice de celle qui allait être la fée équivoque des dernières années du règne, la comtesse du Cayla. Chose curieuse, c'est M. Decazes qui avait introduit aux Tuileries cette jeune femme, séduisante de grâce, de distinction et d'esprit, éprouvée par des embarras domestiques et pressée déjà plus d'une fois par ses amis de se mettre sous la protection du Roi; mais ce que M. Decazes ne savait pas, c'est que cette présentation avait été tout un complot formé contre lui, encouragé par un prince de l'Église, le cardinal de la Luzerne, préparé et conduit surtout par un homme de cœur chaud, d'esprit évaporé et d'une grande turbulence mondaine, le vicomte Sosthènes de la Rochefoucauld.

On avait compté sur les malheurs et les charmes de la jeune femme pour toucher et fixer le Roi. « Il fallait, — a dit plus tard M. de la Rochefoucauld, racontant à l'héroïne elle-même cette comédie de cour, — il fallait inspirer au Roi, toujours guidé par ses affections, assez d'amitié envers une personne qui en fût digne pour détruire peu à peu la confiance sans bornes qu'il avait dans un ministre assez malheureux pour s'être trompé... Il me semblait que vous étiez la seule personne qui pût parvenir à dissiper toutes les illusions dont Louis XVIII était entouré... Le ciel se chargea de réaliser ce qui d'abord semblait une chimère... » Madame du Cayla avait un peu hésité... « Vous ne me prenez pas pour une Esther, disait-elle à M. de la Rochefoucauld, et je ne puis et ne veux être ni madame de Maintenon ni madame des Ursins... » Elle avait fini par se rendre : elle était entrée furtivement, en suppliante, aux Tuileries; elle en était sortie avec la faveur du prince, et ses visites, ses lettres n'avaient pas tardé à devenir un intérêt de tous les instants, une habi-

tude attachante pour celui qu'elle appelait « Assué-
rus ». M. de la Rochefoucauld, en historiographe
candide, en véritable Dangeau du temps, ne cache
pas la part qu'il prenait à cette œuvre pie. « Il était
bien important, dit-il, de ne pas laisser s'alanguir
une correspondance si précieuse, quoique fatigante.
C'était moi alors qui servais à l'alimenter; j'écou-
tais, je causais, je passais tous les matins une heure
avec M. de Villèle. J'entretenais avec soin auprès
de vous les justes craintes que chacun conservait
sur la situation de la France. »

C'était là le rôle tracé à madame du Cayla par
ceux qui l'avaient poussée à la faveur. Elle était
comme la plénipotentiaire des intérêts royalistes
auprès du vieux prince, qu'elle avait la mission de
ramener à la « bonne cause », en le captivant et
en l'amusant, en lui donnant toutes les illusions
d'un attachement de cœur. Déjà, dans les crises
de 1820, madame du Cayla n'avait pas été sans
influence; à partir de ce moment, elle avait pris
possession de la volonté du Roi, qui oubliait insensi-
blement son ancienne politique, son amitié pour
M. Decazes, ses antipathies contre les « ultras »,
et ne résistait plus à la caressante tyrannie de celle
qui avait plus de puissance que le gouvernement

tout entier. Le comte d'Artois n'ignorait pas cette intrigue, qui servait ses passions ; les chefs de la droite se préparaient à en profiter. Le galant vicomte Sosthènes de la Rochefoucauld pouvait se flatter d'avoir réussi et d'être de moitié dans le pouvoir de la séduisante personne qui lui écrivait au début : « En vous écoutant, on se sent animé d'une sainte ferveur, ami. la Providence peut faire de moi ce qu'elle voudra... » la Providence avait bien travaillé, et M. de la Rochefoucauld jouait peut-être un singulier personnage pour la gloire de la bonne cause[1] !

L'ennemi, le danger pour le ministère Richelieu était là, au cœur de la place, dans cette fascination intime qui enlaçait et dominait le Roi au profit d'un parti. Il était aussi au dehors, dans un certain état de la France et de l'Europe, dans les conspirations qui se renouaient, qui affectaient une forme militaire autant que libérale, dans les grandes séditions qui éclataient à peu d'intervalle tantôt en Espagne, tantôt à Naples, tantôt à Turin. Un souffle de révolution sem-

---

[1] Les *Mémoires* que M. de la Rochefoucauld a laissés, et qui ne brillent point, à coup sûr par l'art littéraire, sont l'histoire la plus singulière des particularités intimes de cet épisode de la Restauration. On ne peut imaginer plus de vanité et d'ingénuité dans le récit d'intrigues vraiment fort étranges.

blait courir partout pendant ces années 1820 et 1821. Ces mouvements, plus superficiels que profonds, et destinés dans tous les cas à n'être que des éruptions momentanées, avaient un double effet. Ils commençaient par réveiller les inquiétudes et surexciter l'esprit de la réaction ; ils provoquaient en Europe ces réunions de Laybach, de Troppau, — en attendant celle de Vérone, — où les cabinets resserraient l'alliance des monarchies et concertaient leurs répressions ; ils semblaient justifier les plaintes et les pronostics sinistres des royalistes sur le danger des propagandes révolutionnaires. C'était l'effet du premier moment. Les répressions qui suivaient bientôt, l'attitude de l'Europe monarchique, la prompte défaite des révolutions de Naples et de Turin, toutes ces victoires de réaction, par une autre conséquence, enflammaient les royalistes, exaltaient leurs passions et redoublaient leur jactance. Le vent soufflait pour eux.

Ils triomphaient de tout, des mouvements révolutionnaires qui les avaient effrayés et de la défaite des insurrections, qui relevait leur courage en servant leurs intérêts de parti. Ils triomphaient des défaillances de volonté du Roi sous le charme féminin qui travaillait pour leur cause et de l'ascendant croissant de leur prince, le comte d'Artois. Ils triomphaient de la naissance du duc de Bordeaux, qui, en trompant le crime du 13 février, semblait être une faveur miraculeuse pour la royauté. Ils triomphaient des élections de la fin de 1820, qui réalisaient du premier coup tout ce qu'ils avaient attendu de la loi nouvelle du double vote, qui les fortifiait dans le parlement. — Et plus cette situation se développait, s'accentuait, plus le ministère, avec ses vues de modération, se sentait embarrassé d'une alliance aussi onéreuse que précaire.

Ce qu'on accordait à la droite pour l'apaiser ou la gagner ne faisait que lui montrer sa puissance et aiguillonner ses appétits de règne ; ce qu'on refusait à ses passions, à son esprit de représailles et de domination exclusive ne servait qu'à l'irriter. Pour cette majorité impatiente qui avait été dépossédée depuis 1816 et qui se sentait revivre, qui voyait bien que désormais on ne pouvait rien sans elle, le gouvernement du duc de Richelieu ne suffisait plus ; il n'était lui-même que le dernier et l'équivoque représentant de la politique qui avait fait le « 5 septembre », — souvenir toujours cuisant ! — qui avait favorisé les libéraux, qui avait pactisé avec les révolutionnaires ! On avait abattu le grand coupable,

M. Decazes, d'un coup de massue; ce n'était pas assez. Les royalistes avaient de la peine à supporter un ministère qui, même en les flattant et en les comblant, leur marchandait encore l'influence, les bénéfices du pouvoir, les réparations, qui ne procédait pas assez vite aux épurations dans l'armée, dans la magistrature, dans l'administration, dans les préfectures, — car en tout temps, dans les luttes de partis, il y a toujours des préfectures!

Le ministère gardait encore trop du passé, et, par une logique invariable, depuis que M. Decazes avait disparu, l'animosité se tournait contre ceux de ses collègues qui étaient restés au pouvoir, contre M. Mounier, le directeur de la police, contre M. Siméon, surtout contre M. Pasquier, qui, lui aussi, avait servi l'Empire, qui était soupçonné, — justement soupçonné à son honneur, — d'être assez libéral dans sa politique extérieure en Italie contre l'Autriche. L'honnête Froc de La Boulaye se montrait assez naïf lorsqu'il écrivait en ce temps-là à M. Decazes : « Il est impossible que les royalistes méconnaissent les bienfaits d'un gouvernement qui leur a tendu la main lorsqu'ils étaient sur le bord de l'abîme. Il est impossible que le côté droit se laisse conduire par une poignée d'intrigants et de ous. » Il y avait sans doute des royalistes de raison ; les vrais, les purs pensaient comme le conseiller secret, le familier audacieux et remuant du comte d'Artois, M. de Vitrolles, qui écrivait sans scrupule à l'abbé de Lamennais : « Ce que nous avons à redouter, c'est qu'on ne harcèle le ministère au lieu de l'attaquer vigoureusement, et qu'on ne lui donne beaucoup de coups d'épingle au lieu d'un bon coup de poignard... »

Vainement le duc de Richelieu, sans illusion, souvent avec un courage attristé, s'efforçait de tenir tête et de refaire cette union royaliste que sa loyauté rêvait, qui lui échappait sans cesse. Vainement, vers la fin de 1820, il faisait un pas de plus dans la voie des concessions en associant au gouvernement quelques-uns des chefs de la droite. M. de Villèle consentait à être ministre sans portefeuille, et M. de Villèle ne marchait pas sans M. Corbière, qui entrait à la direction de l'instruction publique avec voix au conseil. M. Lainé, l'ami préféré de M. de Richelieu, rentrait dans le cabinet, un peu pour faire équilibre. Chateaubriand, le polémiste retentissant du royalisme, qui s'est peut-être exagéré son rôle dans cette négociation, avait l'ambassade de Berlin. En réalité, ce n'était qu'une étape de plus dans une crise devenue chronique. Livré à lui-même, M. de Villèle avait assez de raison et de finesse pour sentir le prix d'une alliance avec M. de Richelieu; mais il n'était pas libre, il avait son parti, qui ne se contentait pas d'un simple titre de ministre sans porte-feuille. « J'ai honte de l'avouer, disait-il, si je n'ai pas de places à donner, le Roi n'aura que M. de Villèle, et ce n'est pas son compte. » Un instant, M. de Villèle passait presque pour un défection-naire aux yeux des siens, et il était exposé à s'entendre dire d'un ton dédaigneux par M. de La Bourdonnaye : « Sachez, monsieur, qu'il y a encore des royalistes au côté droit. » Et après quelques mois, l'expérience du mariage de raison avec la droite finissait étrangement. Un jour, en plein con-seil, M. Corbière demandait d'un seul coup le chan-gement d'une dizaine de préfets. Quels griefs avait-il? Il répondait naïvement qu'il n'en avait aucun, qu'il ne connaissait pas même ces préfets, mais qu'il y avait dans son parti des gens qui souffraient, et qu'il était temps « de faire quelque chose pour les royalistes ». Il fallait des préfectures, du pou-voir !

On discutait pendant quelques jours, on négociait péniblement pour arriver à une scission nouvelle, plus irréparable. Le duc de Richelieu en éprouvait un vif chagrin, il l'écrivait à de Serre, que sa santé venait encore une fois d'éloigner de Paris. Il se plaignait moins de M. de Villèle que du « camarade », M. Corbière, le Breton entêté et peu conciliant. « Je suis contraint, disait-il à de Serre, de vous annoncer l'issue malheureuse de ces longues négociations qui ont abouti avant-hier au soir à une séparation avec nos deux collègues... Je ne me dissimule ni les inconvénients ni même les dangers de cette position déplorable. Je n'avais malheureusement que le choix des maux. Tout ce que je puis vous certifier, c'est que j'ai fait tout ce qu'il était en mon pouvoir de faire ; je n'ai pas réussi, et en vérité, avec un homme du caractère de M. Corbière, cela n'était pas aisé. Maintenant que faut-il faire ?... »

M. Pasquier, de son côté, écrivait au garde des sceaux : « Au point où les choses étaient arrivées, le rapatriage aurait eu difficilement quelque durée... Toutes ces prétentions, toutes ces exigences, outre qu'elles en présageaient d'autres avec certitude, avaient fait naître dans notre intérieur des méfiances et même des éloignements dont les fâcheux effets se seraient fait sentir chaque jour davantage. Ce n'est pas une raison pour être satisfait de la situation présente... » Royer-Collard, quant à lui, regardant la crise pour ainsi dire du dehors et la jugeant avec un dédain clairvoyant, écrivait à M. de Barante : « Dans l'alliance du ministère et de la droite, la fraude s'est déclarée. Elle a éclaté, elle s'est en quelque sorte revendiquée. L'alliance a été rompue. Cette petite révolution aura ses conséquences qui ne tarderont pas à se faire sentir, malgré les efforts qu'on fait et qu'on fera pour les retenir... Ne vous y trompez pas, c'est le parti qui a repris ses chefs au ministère... »

Voilà où aboutissaient les relations du ministère avec la droite. Les royalistes reprenaient leurs chefs, qui subissaient peut-être « la loi à contre-cœur », — c'était le mot de Royer-Collard, — mais qui la subissaient. Le duc de Richelieu, après avoir tant cédé, se retrouvait au même point, obligé de céder encore, de tout céder ou d'attendre l'assaut des royalistes, — et de revenir peut-être à la nécessité d'un nouveau 5 septembre. Que pouvait-il faire ? Il gardait toujours, il est vrai, la pensée de maintenir sa politique, de ne point « s'associer à un ministère de la droite pure qui ne serait en harmonie ni avec les véritables intérêts de la maison de Bourbon, ni avec les intérêts de la France », qui, selon lui, « amènerait une catastrophe ». Ce qu'il

avait voulu, il le voulait encore, et c'est là qu'éclataient les conséquences de sa rupture avec les libéraux modérés, de l'absence de cette « aile gauche »
qu'il avait dispersée, sur laquelle il ne pouvait plus
s'appuyer.

III

L'amertume, en effet, était au camp des libéraux
modérés, des doctrinaires qui avaient tous les regrets
des amitiés éteintes, des liens brisés, des opinions
trompées. Le coup qui avait atteint ce monde d'élite
lui avait laissé une blessure profonde, et ce qui
aurait pu d'abord n'être qu'une dissidence momentanée n'avait pas tardé à devenir une scission
sans retour. Ces hommes éminents par l'esprit, un
peu embarrassants peut-être par leurs prétentions ou
leur orgueil, étaient peu nombreux, il est vrai, et
un plaisant de la gauche disait d'eux : « Ils sont
quatre qui tantôt se vantent de n'être que trois, parce
qu'il leur paraît impossible qu'il y ait au monde
quatre têtes d'une telle force, et tantôt prétendent

qu'ils sont cinq, mais c'est quand ils veulent effrayer par leur nombre. » Ils ne représentaient pas moins la raison, les lumières, les intérêts, les sentiments de cette partie de la nouvelle société française qui se ralliait sans arrière-pensée à la Restauration, qui avait soutenu le premier ministère Richelieu, le 5 septembre, la politique modérée, et ils devenaient des adversaires d'autant plus dangereux qu'ils avaient été des amis.

Ils ne pardonnaient pas au ministère ses nouvelles alliances, les concessions qu'il faisait au parti de 1815, le désaveu d'un passé commun, une politique qui allait parfois, — ils le croyaient ainsi, — jusqu'à ressembler à un mélange d'empire et d'ancien régime. Ils formaient un camp d'opposition redoutable par le talent, une sorte de fronde de penseurs et de philosophes, une fronde éclairée et animée de la grâce sérieuse de cette jeune duchesse de Broglie dont un Génevois disait avec un enthousiasme familier en écrivant à Auguste de Staël : « Vous ne faites pas encore assez de cas de votre sœur. Elle grandit à vue d'œil ; son esprit a des lumières perçantes. Nous ne sommes que des sots auprès d'elle, tous tant que nous sommes, et nous ne sommes pas dignes de délier les cordons de ses bottines, bien que ce fût une occupation fort agréable. »

Déjà, vers ce temps troublé de 1820, la duchesse de Broglie était, sans le chercher, sans le vouloir, par le seul ascendant d'une vertu aimable et d'une supériorité charmante, une influence de la société parisienne.

Brillante de tous les dons, alliant les séductions d'une âme pure à l'éclat de l'esprit, à la justesse de la raison et du goût, elle gagnait par sa grâce les dévouements passionnés et elle imposait sans effort le respect. Tout chez elle attirait, la noblesse du cœur, une dignité facile, un amour inné de la vérité et de la justice, la vivacité des indignations généreuses contre le mensonge, les calculs intéressés et les tyrannies. Son salon était le rendez-vous de tout un monde intelligent, même de royalistes comme M. de Montlosier, mais surtout de ceux dont elle partageait avec son mari les opinions, la foi politique, dont elle ressentait aussi profondément les mécomptes et les disgrâces. Elle aurait dit volontiers comme sa mère, madame de Staël : « On ne peut dans un temps de faction aimer que les battus. » Au lendemain des crises violentes, après la rupture des ministres et des doctrinaires, elle avait adressé à de Serre cette lettre qui n'était qu'une réponse : « Je vous aurais écrit la première si les circonstances ne m'avaient fait désirer de garder le silence; car, lorsqu'on se trouve arrivé à de certains points de division, les explications sont à éviter plus qu'à chercher... En exprimant tout ce que j'ai éprouvé lorsque j'ai vu frapper toutes les personnes que j'aime, que j'estime, dont je révère le caractère et l'opinion, par un homme que j'ai été accoutumée à joindre à eux, que j'avais apprécié et admiré si souvent avec eux, en exprimant tout ce que j'ai éprouvé, j'irais trop loin et je me récuse d'avance en portant un jugement qui ne peut-être ni calme ni impartial. » Elle ne tardait pas à devenir elle-même assez amère pour le garde des sceaux qu'elle avait tant admiré.

Ce que la duchesse de Broglie a été dans ces années de luttes ardentes, quelques-uns de ses contemporains l'ont dit avec une émotion presque religieuse. Seule elle pourrait se peindre avec vérité par des lettres qu'une piété de famille a gardées, où elle se montre tout entière, impétueuse, sincère, spirituellement passionnée, sensible aux malheurs du temps, aux défaites libérales. Elle parle de tout et de tous, de M. de Montlosier, qui vient dans son salon « comme dans la fosse aux lions » et qui s'en tire fort bien; de ce bon M. de Mézy, l'ami des ministres, qui se plaint des « ultras ». Elle écrit à ses amies les plus intimes sous la vive impression du moment : « La politique devient fort sombre, dit-elle au commencement de 1821... Excepté le bonheur de voir ses amis, rien n'est plus triste que cet hiver-ci; tout se rembrunit tous les jours, et nous en arrivons non plus à des discussions politiques, mais à des discussions de vie et de mort. Le colonel Fabvier a été mis en accusation avec cinquante autres, et il n'y a sur lui que des propos d'un révélateur qui veut sauver sa vie en calomniant. Ce n'est pas la faute des ministres si d'autres personnes plus connues ne sont pas accusées sur de simples ouï-dire... Chère amie, cela aigrit trop le cœur de vivre dans ces temps-ci. Et cependant nous sommes encore les plus heureux; ceux qui sont vraiment à plaindre, ce sont des hommes que la nature avait faits honnêtes et à qui le pouvoir aura tellement dépravé le cœur qu'ils en sortiront couverts de honte et de sang... J'évite de sortir autant qu'il m'est possible; la frivolité arrogante de la société au milieu de tout cela me cause une autre espèce d'irritation, et ces gens qui dansent au milieu des condamnations et des crimes m'inspirent une sorte de mépris que je ne puis cacher comme je le voudrais... [1] »

[1] Lettre inédite.

Plus d'une fois elle revient sur « cette pédan-
terie de la frivolité vaniteuse qui va toujours son
train comme le cours de la nature physique au milieu
des situations les plus dangereuses ». Elle se révolte
de la légèreté du monde, et un jour elle écrit à une
de ses correspondantes d'élite : « Il nous faut une
révolution dans l'intérieur de nos âmes pour nous
rendre capables de la liberté, car je suis bien sûre
que, tant que nous resterons les mêmes, aucune
révolution politique ne nous y conduira. »

Elle animait tout de son feu. Un de ses plus
jeunes amis, Charles de Rémusat, qui était pour le
moment loin de Paris, auprès de son père encore
préfet à Lille, auprès de sa mère, femme à l'esprit
rare et à la raison aimable, Charles de Rémusat
lui écrivait de son exil des lettres pleines de vivacité
ingénieuse et de séve libérale. Il s'appelait lui-
même gaiement « l'unique soldat de cet état-major
sans armée qu'on appelle les doctrinaires ». Charles
de Rémusat, alors au début de sa brillante et pure
carrière, expliquait à la duchesse de Broglie avec
toute sorte de tours piquants comment, ayant toutes
ses « facultés de haine » occupées et excitées par
les choses du temps, il n'avait d'autre moyen de se
« racheter de ce péché » que d'aimer un peu plus

ceux qu'il aimait. « Ainsi, madame, disait-il, vous ne l'auriez pas cru, ni moi non plus, je vous aime par pénitence. — A quoi donc étions-nous destinés, et quel rêve c'était que le nôtre, quand nous espérions ramener un peu plus de justice par l'exemple du pouvoir dans l'esprit de la nation? A quel point et pour combien de temps ce qui se passe ne pervertira-t-il pas la morale publique? Quels précédents! quelles autorités pour l'avenir! quels prétextes de représailles! Et au milieu de tout cela que dire de cette évocation de tout le système impérial? L'ombre de Bonaparte inspire et conduit encore le ministère... Mais à quoi pensé-je? est-ce à des confidences de colère et de mépris que je devrais consacrer une lettre pour vous? Laissons cela, et chargez-vous seulement de la prière que je fais à tous ces hommes que vous savez, dont vous êtes la *Muse*, de dire ou d'écrire le plus tôt possible que le ministère est purement et simplement bonapartiste [1]. » Il parlait ainsi et tous parlaient ainsi dans une société d'honnêtes gens irrités où l'on se montrait peut-être un peu sévère, — le duc de Broglie lui-même et M. de Rémusat l'ont avoué depuis.

[1] Lettre inédite.

C'était pour le moment le ton de ce monde doctrinaire, lettré, libéral, qui, sans se confondre avec
les conspirateurs, allait porter une force nouvelle,
l'éclat du talent à une opposition avancée, et laissait
le gouvernement désarmé, — de sorte que le ministère Richelieu, avec des intentions évidemment
droites, se trouvait dans la situation la plus fausse
entre des partis également impatients.

Il avait raison contre la gauche qui conspirait, qui
ne reculait plus devant les entreprises révolutionnaires et ne se servait de la Charte que pour mieux
préparer la ruine de la monarchie; il était dans son
rôle en défendant la royauté contre les complots de
Belfort ou de Saumur, dût-il rencontrer dans ces complots ces hommes plus connus dont la duchesse de Broglie parlait avec les illusions de son amitié pour M. de
la Fayette. — Il avait raison contre la droite, qui, dans
l'emportement de ses passions, menaçait tout haut les
institutions nouvelles, les conquêtes sociales les plus
inaliénables de 1789, et dont les déchaînements ne
faisaient qu'enflammer les instincts révolutionnaires
en alarmant les intérêts nouveaux ; il était aussi dans
son rôle en s'efforçant de contenir ces réveils d'ancien régime, et il ne se trompait qu'en se flattant
de neutraliser les « ultras » par les royalistes sensés.

Il avait à se débattre entre deux camps ennemis, entre des irréconciliables de diverse nature, les uns voulant « le Roi sans la Charte », les autres voulant « la Charte sans le Roi », — et pour élever, pour maintenir entre des ennemis plus passionnés que sincères une politique de modération efficace, le ministère aurait eu besoin de tous les groupes modérateurs. Ces groupes lui manquaient; il les avait dispersés et blessés de ses propres mains. Il s'était enlevé les moyens de se dérober à cette logique de réaction qu'il avait créée lui-même, qui le poussait « du côté où il penchait », en le livrant à ses nouveaux alliés.

Que pouvait-il faire? Son existence était un drame où il usait ses forces en concessions sans profit ou en résistances inutiles, fatalement condamné à une retraite lente et ingrate que couvrait encore l'honneur de M. de Richelieu, qu'illustrait la parole du garde des sceaux dans des luttes qui n'étaient elles-mêmes que l'expression tumultueuse d'une situation de plus en plus menacée.

VI

S'il y avait en effet un homme qui fût vraiment le ministre, la personnification expressive et saisissante de cette situation pleine de troubles intimes et de contradictions, c'était de Serre. Il ne se méprenait pas sur les difficultés, et ce qu'il avait dit dès le premier jour à M. de Barante, il le répétait sous une autre forme à M. Decazes : « Quelque route qu'on voulût prendre, elle serait hérissée d'obstacles. La nôtre nous a été, je pense, tracée par la nécessité même... Enfin, mon cher ami, si l'issue est douteuse, le devoir ne l'est pas, et c'est là un grand point de sécurité. » C'est avec cette pensée qu'il était entré dans l'expérience nouvelle sans craindre de paraître se désavouer, sans reculer devant les formidables assauts des coalitions ennemies qui l'attendaient. C'est pour cette politique qu'il avait livré la bataille des élections et qu'il restait sur la brèche pendant dix-huit mois, portant le poids d'une défense désespérée avec une énergie que les crises d'une organisation toujours ébranlée rendaient plus pathétique.

L'épreuve la plus cruelle pour lui avait été cette rupture avec ceux de ses amis qui n'avaient pas voulu le suivre. Il avait cru ne pas pouvoir faire autrement, il avait cédé à la violence des choses; il en souffrait plus qu'il ne l'avouait peut-être, et si ses anciens amis mettaient quelquefois dans les conversations une amertume qui pouvait être encore un dernier hommage à un lien brisé et regretté, il ne se défendait pas de son côté d'un sentiment grave et triste. Il ne rencontrait pas sans émotion devant lui l'opposition de Royer-Collard, il ne restait pas indifférent aux sévérités du duc ou de la duchesse de Broglie. « Oui, lui écrivait le fidèle Froc de La Boulaye, répondant à ses préoccupations intimes, oui, il est douloureux, il est déchirant d'être forcé de sévir contre des hommes de talent, capables d'honorables déterminations et qui ont rendu d'importants services... S'il ne fallait pour gouverner que la sueur du front, ce serait peu de chose. Les angoisses du cœur ne sèchent pas si vite. La réflexion, le devoir, puis *le manteau rouge du cardinal!* » De Serre, ce me semble, ne jetait pas si promptement le « manteau rouge du cardinal » sur le passé, puisque après bien des mois, à un moment où il avait une grande résolution à prendre, il écrivait dans la plus profonde intimité à sa femme : « Dans les premiers temps de ma course politique, j'ai eu des amis en la supériorité de lumières et d'expérience desquels je me confiais. Je ne suis plus dans ce cas et dois me décider par moi-même. » Il gardait sa secrète blessure jusque dans les entraînements des luttes nouvelles qu'il avait à soutenir, où en épuisant ses forces il ne cessait de grandir par le talent, par le courage, par tout ce qui faisait de lui un orateur puissant et redouté, le premier des parlementaires de son temps.

Il était fait pour la tribune, et nul, certes, n'est resté une image plus vive du pouvoir de la parole que de Serre dans ce monde brillant de la Restauration où les talents de tribune s'élevaient et se déployaient à la fois de toutes parts, sous tous les drapeaux. — Royer-Collard avait son éloquence à lui, une éloquence méditée, presque auguste, ample de pensées et de forme, nourrie de philosophie et parfois relevée d'une ironie qui semblait tomber de haut. Il se complaisait dans les enchaînements magnifiques de théories et d'observations sur le gouverne-

ment des sociétés, sur la moralité des révolutions,
sur les droits de la raison, et volontiers il aiguisait ses
jugements dans un trait d'un tour imprévu, dans un
axiome frappant et ineffaçable. Il planait sur les
choses et sur les hommes, ayant naturellement la
majesté du langage et par instants l'épigramme
superbe. — Camille Jordan, sans s'élever à ces hau-
teurs, avait la parole sentimentale et pathétique. Il
touchait par l'onction et l'ingénuité d'une nature
honnête déjà mortellement atteinte. Un de ses plus
piquants adversaires l'appelait, dans une débauche
de raillerie, le « saint Chrysostôme des niais » : il
touchait le point faible, une certaine banalité de
candeur et d'attendrissement. — Foy, avec sa physionomie ouverte et ses airs chevaleresques, s'élançait à la tribune comme à l'assaut. C'était moins un
orateur réfléchi et correct qu'un tribun militaire
séduisant par sa loyauté, par sa bonne grâce virile et
par son esprit, remuant d'un geste et d'un accent
passionnés les fibres patriotiques et libérales de la
nation. Benjamin Constant, ingénieux vulgarisa-
teur des vérités constitutionnelles, avait la souplesse
d'un polémiste, l'art des nuances, la finesse rusée,
la dextérité savante d'un lettré. Manuel, avec une
passion concentrée sous son masque pâle et sévère,

était un des plus habiles tacticiens de parlement,
politique sans dons supérieurs, mais résolu, animé
de tous les instincts, de tous les ressentiments de
la bourgoisie révolutionnaire. Et, dans d'autres
camps, M. Lainé était l'orateur des émotions généreuses : nature ardente et impressionnable, prompte
à éclater, prompte à se décourager et à se replier
dans le silence. M. de Villède avait le langage délié
et précis des affaires. M. de Martignac n'avait pas
encore paru. C'est l'élite parlementaire de la Restauration vers 1820. Entre ces émules de talent et
d'éloquence, de Serre reste le premier.

V

Tout séduisait chez lui. L'homme avait la taille
élevée, la physionomie pensive et prompte à s'éclairer du feu des impressions intérieures, une grâce
naturelle et simple de manières, une dignité sans
efforts et sans recherche. L'orateur à la tribune,
après un instant d'hésitation, s'animait rapidement
et dominait l'assemblée par la hardiesse de sa pen-

sée, par la justesse du geste et la distinction de l'organe, par un accent vibrant d'irrésistible sincérité. Les idées se pressaient dans son esprit et s'enchaînaient avec une singulière puissance. S'il était interrompu, il se détournait à peine, il réduisait l'interrupteur au silence, et il poursuivait, parcourant d'un pas hâtif toutes les parties d'une discussion, relevant les questions qu'il traitait, laissant échapper sur son passage les réflexions profondes ou les traits lumineux.

Il avait assez souvent de ces mots qui frappaient : « Notre trésor peut être pauvre, mais qu'il soit pur. — La démocratie coule à pleins bords entre de faibles digues impuissantes à la contenir. — Une société bien ordonnée est le plus beau temple qu'on puisse élever à l'Éternel... » Et par instants il ne se défendait pas de donner toute carrière à sa pensée. « Nous aussi, disait-il, nous avons, dans la France émue, entendu ces cris d'ivresse : Hier nous étions esclaves, aujourd'hui nous sommes libres ! — En un jour nous avons tout changé, nos mœurs, nos coutumes, nos lois, et bientôt nous avons vu ce grand peuple chanceler et les convulsions de l'anarchie le saisir ! Instruits par les malheurs de votre patrie, vous savez, messieurs, les chances que lègue à l'avenir ce ver--

tige qui détruit en peu de jours l'ouvrage de tant d'années. Vous savez ce qu'il en coûte pour réédifier les fortunes publiques et privées, pour construire à la hâte un gouvernement quelconque qui les abrite. Vous savez que de toutes les œuvres la plus difficile est d'élever pour les siècles un gouvernement libre, que toute la sagesse humaine s'y emploierait en vain sans le secours du temps, et que le temps jaloux ne prend en garde que ce que lui-même a fondé .»

La parole de Serre sortait toute palpitante d'une âme noble et pure; elle était animée, nerveuse, toujours nette et correcte même dans l'improvisation, colorée sans fausses images, véhémente sans déclamation, souvent profonde sans affectation de science, et les exposés du garde des sceaux ressemblaient à ses discours : témoin ce rapport sur la presse où il décrivait à grands traits, en politique doublé d'un philosophe, comme eût fait plus tard un Tocqueville, l'état social de l'Angleterre, des États-Unis et de la France. — Ce qu'a été réellement cette éloquence, ce qu'en ont pensé ceux qui en ont subi le charme, Royer-Collard, qui fut toujours peu prompt aux admirations, l'a dit bien des années après, de son ton d'oracle, dans des entreliens familiers où il se plaisait à évoquer ces souvenirs avec Sainte-Beuve. Il jugeait assez sévèrement M. Lainé, il parlait de Camille Jordan comme d'un homme charmant. « M. de Serre, poursuivait-il, avait la grandeur ; son éloquence à lui se passait dans une région supérieure, — que vous dirai-je? non pas la région où se forment les orages, mais quelque chose d'élevé et de grand!... Sérieux, imagination, éloquence, il avait tout. Il y joignait seulement la faculté de se faire des illusions. C'est ce qui l'a perdu à la fin. Il a cru sincèrement qu'il allait sauver la monarchie... »

Je ne dirai point assurément que de Serre n'avait pas des illusions, et qu'à certains moments il ne laissait pas échapper de ces mots qui vont au delà de la pensée, qu'il vaudrait mieux retenir. Il ne vivait pas impunément dans les agitations dévorantes ; il avait ses impatiences, ses irritations, et il ne gardait pas moins cet ascendant d'orateur qui fascinait ses amis, qui faisait dire à ce bon Froc de La Boulaye dans ses effusions intimes, un peu lyriques ce jour-là : « Les circonstances sont grandes. Le monde moral est secoué jusque dans ses fondements. Tant que le sabre ne brillera pas, la puissance est à la parole ; saisissez-vous-en pour le salut de nos Bourbons, de la France et des vieilles races qui commandent ailleurs. Toutes chancellent plus ou moins, et si elles étaient renversées, plus de liberté publique, plus de tribunes aux harangues, mais partout des champs de bataille et des prétoriens pour y décerner les couronnes. Ménagez-vous, ne vous dépensez pas en escarmouches, couvez vos idées, vos desseins, vos projets. Entretenez notre excellent duc qui vous honore et vous croit... »

De Serre avait certes besoin de se ménager, d'aller réparer sa santé au mont Dore, et il avait besoin aussi de cet éclat d'éloquence qui faisait sa force, qui restait l'espoir de ses amis, pour n'être pas emporté du premier coup dans le conflit croissant des partis. Plus que tout autre, il était engagé pour le ministère, pour lui-même, au plus épais d'une mêlée où il se sentait à demi isolé, faiblement soutenu, assailli d'hostilités et d'accusations contraires. Entre la gauche et lui, c'était désormais un duel implacable. Les libéraux, exaspérés contre le garde des sceaux, contre ce qu'ils appelaient ses apostasies, ses défections, ses ingratitudes envers ses amis les plus intimes, ne lui épargnaient ni les récriminations, ni les provocations, ni même les outrages. Ils ne laissaient échapper aucune occasion de le harceler, de le pousser à bout, tantôt à propos du drapeau tricolore, tantôt à propos d'un règlement de la Chambre ou du budget, et il y avait des jours où le généreux Foy lui-même éclatait en violentes apostrophes. La gauche, à vrai dire, avait affaire à un rude jouteur qui ne laissait aucune agression impunie.

On l'attaquait dans son passé, dans sa politique du moment, souvent dans son caractère; — il faisait face intrépidement. Lorsque le libéral Girardin croyait embarrasser le garde des sceaux en lui rappelant ses discours d'autrefois contre la droite, et ajoutait injurieusement que « rien ne pouvait étonner de la part de celui qui avait fait à la tribune l'éloge d'une assemblée honteusement fameuse », de Serre relevait aussitôt le défi; sans rien désavouer de son rôle libéral en 1816, il rétablissait le sens de ses paroles sur la Convention, et il ajoutait avec fierté : « Au surplus, lorsque dans des temps difficiles je me suis livré tout entier pour couvrir des hommes qui s'étaient compromis, lorsque je n'ai peut-être pas assez craint de me compromettre moi-même, ils s'emparent des paroles que j'ai prononcées pour leur défense, eux qui se taisaient alors, qui se cachaient peut-être, ils s'en emparent, dis-je,

aujourd'hui pour les tourner contre moi ! Vous êtes
Français, messieurs, et vous savez comment cela
s'appelle!... »

A ceux qui l'obsédaient sans cesse du souvenir de
ses alliances, de ses engagements avec l'opposition,
il répondait qu'à son entrée au pouvoir il avait écouté
en effet tous ceux qui avaient bien voulu lui communiquer leurs vues politiques, et, fixant son regard sur la
gauche, il ajoutait : « J'ai tout observé, tout étudié, tout
pénétré, et c'est en pleine connaissance de cause que
j'ai choisi... Du moment où les principes que je dé-
signe comme anarchiques et révolutionnaires ont été
émis à cette tribune par les membres de l'opposition
qui siégent ici, je les ai le premier et le plus énergiquement combattus... » De Serre rendait coup pour
coup ; en se défendant il attaquait sans hésitation,
souvent avec passion ; mais il n'avait point de fiel,
et au milieu des plus vives excitations, par un généreux retour sur lui-même, il pouvait un jour dé-
clarer tout haut en pleine Chambre qu'il avait pu
commettre des fautes, qu'il n'avait jamais cependant
poursuivi personne de son animosité et de sa
haine. « Je ne sais pas, disait-il avec une franchise
pleine de noblesse, exempte de toute amertume,
je ne sais pas et je ne veux pas savoir si j'ai des

ennemis ; ce que je sais bien, c’est que je n’ai donné à personne le droit de dire que je suis son ennemi. » C’était le secret de sa supériorité morale dans ces guerres de partis où s’agitaient tant de passions contraires.

Des ennemis, il en avait assurément plus qu’il ne le voulait, il en avait parmi les libéraux qu’il contenait de son énergique parole, il en avait au moins autant parmi les royalistes, et il ne se détournait de la gauche que pour se trouver en face de la droite, des La Bourdonnaye, des Castelbajac, des Sallaberry, des Delalot, qui ne représentaient pas sans doute tous les royalistes, mais qui les intimidaient et les entraînaient. A ce monde impatient et turbulent, il avait aussi à tenir tête ; il se sentait plus embarrassé, il était cependant bien obligé parfois de relever vertement les attaques trop irritantes, de faire de vives sorties contre M. de Castelbajac ou M. Delalot. La vérité est que de Serre, selon le mot familier de la duchesse de Broglie, restait la « bête noire des ultras ». On acceptait son secours contre la gauche, on voyait toujours en lui l’adversaire des réactions de 1815, un libéral plus ou moins impénitent. Les efforts inutiles du garde des sceaux ne servaient qu’à montrer ce qu’il y avait d’étrange et de critique dans cette situation où l'éloquence du plus brillant des-hommes et les intentions loyales du plus honnête des chefs de cabinet ne suffisaient pas pour le succès d'une politique de modération. Le ministère avait tout épuisé ; il avait essayé d'une alliance avec la droite en s'associant M. de Villèle et M. Corbière ; il avait multiplié les concessions, les complaisances du pouvoir dans les élections, et à quoi arrivait-on ?

La retraite de M. de Villèle et de M. Corbière laissait pressentir l'hostilité du parti « qui reprenait ses chefs » ; les élections de 1821, plus accentuées encore que celles de 1820 en faveur de la droite, donnaient une force nouvelle à ceux qui brûlaient d'aller jusqu'au bout et d'en finir avec les transactions. Le moment approchait où le ministère avait la chance de trouver contre lui un peu tout le monde, les exaltés du royalisme aussi bien que les libéraux, et de recevoir à l'improviste ce « bon coup de poignard » dont parlait M. de Vitrolles, que toute l'éloquence du garde des sceaux ne pouvait plus détourner.

VI

On était à la fin de 1821, à l'ouverture d'une session nouvelle. Le ministère semblait vouloir éviter le combat, les chefs de l'extrême droite le recherchaient à tout prix : ils cherchaient le combat par une phrase de l'adresse qui mettait en doute la dignité de la politique extérieure suivie par M. Pasquier; ils le cherchaient aussi à propos d'une loi sur la presse sur la prolongation de la censure. M. de La Bourdonnaye et M. Delalot ne craignaient pas d'aller demander l'alliance de Royer-Collard et de ses amis pour en finir avec le ministère. La crise était dans l'air, et ici une dernière fois s'élevait la question la plus délicate : que pouvaient et que devaient faire les libéraux modérés, dont l'intervention redevenait décisive?

Le ministère, il est vrai, avait rompu avec eux; il les avait profondément blessés, et il ne faisait rien pour les apaiser ou les rallier; y avait-il cependant quelque intérêt ou quelque prévoyance, non-seulement pour des hommes comme Royer-Collard et ses amis, mais pour des hommes comme Foy, Casimir Perier, à prêter main-forte aux royalistes qui s'impatientaient au seuil du pouvoir, qui menaient l'assaut contre le cabinet? C'était toute la question.

Victor Cousin a raconté une scène qui aurait eu lieu chez lui, où se seraient rencontrés Royer-Collard, M. Humann. On avait discuté sur ce qu'il y avait à faire, sur ce qui valait le mieux, de laisser vivre le ministère Richelieu avec de Serre, M. Pasquier, M. Lainé, ou de frayer le chemin à un ministère de royalisme pur qui ne durerait pas six mois, — on le croyait alors, — et préparerait une revanche prochaine, décisive pour la cause libérale. A cette scène assistait Santa-Rosa, un proscrit piémontais, victime de la dernière révolution de Turin, qui était naturellement de ses vœux avec les libéraux français, mais qui avait une mâle raison. « Votre devoir de bon citoyen, disait-il à Cousin, est de ne pas combattre un ministère qui est votre dernière ressource contre la faction ennemie de tout progrès. Il n'est pas permis de faire le mal dans l'espérance du bien. Vous n'êtes pas sûrs de renverser plus tard MM. Corbière et de Villèle, et vous êtes sûrs de faire le mal en leur livrant le pouvoir. Pour moi, si j'étais député, j'essayerais de donner de la force au ministère Richelieu contre la cour et le côté droit. » On donnait tout bas raison au sage proscrit, on se laissait aller en réalité à une tactique qu'on croyait habile, et la coalition ennemie éclatait dans les votes sur la phrase insultante de l'adresse, sur les préliminaires de la loi de censure.

Un instant encore, il est vrai, des amis du ministère avaient essayé de détourner le coup, de dissoudre la coalition et de rallier une majorité royaliste. M. Pasquier, qui au fond payait de la haine particulière des « ultras » la politique relativement libérale qu'il suivait dans les affaires d'Italie, M. Pasquier proposait de se sacrifier ; il pressait le garde des sceaux de négocier une réorganisation ministérielle. « J'ai déjà vu une fois dissoudre un ministère de M. de Richelieu, écrivait-il à de Serre, et je sais le mal qui en est résulté pour la France. Je n'ai pas concouru alors à ce mal ; j'ai fait, au contraire, ce que j'ai pu pour l'éviter ; je ne voudrais pour rien au monde avoir à me reprocher un semblable événement, soit par ma retraite, soit par ma persistance à demeurer. Faites donc venir au plus tôt M. Lainé et entendez-vous avec lui, car vous deux seuls pouvez arranger les choses, soit relativement au duc, soit relativement à la Chambre. Ensuite, parlez ensemble en mon nom et soyez sûrs que je ne vous désavouerai pas. » M. Pasquier agissait avec honneur; mais ce n'eût été qu'une vaine combinaison de plus, et, en outre, l'expédient répugnait à la délicatesse des hommes. Le duc de Richelieu avait déclaré qu'il ne se séparerait pas du ministre des affaires étrangères, et de Serre écrivait peu après à sa mère : « Quelques personnes vous diront qu'on me pressait de rester; je ne le pouvais ni sagement ni honorablement. »

Le seul qui aurait pu vraiment prévenir ou apaiser cette crise était le comte d'Artois, qui avait assuré l'appui de ses amis à M. de Richelieu, lorsque celui-ci avait pris le pouvoir. Avant le dénoûment, le duc de Richelieu avait tenu à se rendre chez Monsieur pour lui rappeler ses promesses; il n'avait reçu du prince qu'une réponse évasive et dégagée qui l'avait comblé de surprise, et, courant plein d'émotion jusque chez M. Pasquier, le président du conseil avait éclaté dans ce cri de l'honneur indigné : « Il manque à sa parole de gentilhomme! » Le comte d'Artois était passé à l'ennemi, ou, pour dire plus vrai, il restait avec ses amis, encourageant leurs espérances et leurs intrigues. Madame du Cayla conspirait pour les meneurs de la droite en pressant de ses séductions la volonté défaillante du vieux roi, qui ne décidait plus rien sans elle, qui, au milieu de ces troubles intimes, lui écrivait jusqu'à cinq billets en quelques heures ; elle avait préparé Louis XVIII à tout accepter. Le secours imprudemment prêté par les libéraux « aux ultras » avait fait le reste. Les royalistes arrivaient à leurs fins : après avoir eu raison de M. Decazes, ils ne craignaient plus de renverser brutalement M. de Richelieu. Le ministère expiait ses condescendances : après avoir sacrifié, dix-huit mois auparavant, Royer-Collard, Camille Jordan, M. de Barante, il était sacrifié à son tour, il ne suffisait plus ! Le mouvement allait jusqu'au bout jusqu'au dénoûment du 14 décembre 1821, qui faisait disparaître le dernier cabinet en donnant naissance à un ministère de la droite pure avec M. de Villèle, M. Corbière, M. Mathieu de Montmorency, M. de Peyronnet.

A ce souvenir, quarante ans après, M. Pasquier écrivait encore avec feu : «... En 1822, il faut bien que je le dise, la maison de Bourbon a commis un grand acte de déraison ; elle a brisé, au moment où il pouvait lui être le plus utile, l'instrument qui lui

avait déjà rendu de si grands services. La destruc-
tion du second ministère du duc de Richelieu a été,
voyez-vous, plus qu'une faute politique : elle a été
un véritable crime[1] ! »

VII

Au premier moment, en apparence, il est vrai,
ce n'était qu'un ministère royaliste succédant à un
ministère royaliste. Les libéraux, comme pour
s'excuser d'avoir aidé au dénoûment du 14 décembre, affectaient de ne voir aucune différence entre
les ministres de la veille et les ministres du lendemain. En réalité, tout avait changé. Ce qui venait de
disparaître dans une échauffourée de parlement et
de cour, c'était réellement tout ce qui restait des
inspirations modératrices de 1816, du gouvernement du centre ; ce qui rentrait au pouvoir, c'était
l'esprit de 1815 à peine mitigé par l'expérience avi-
sée de M. de Villèle. Les obligations mêmes, les

[1] Voyez le livre sur *Étienne-Denis Pasquier, chancelier de France,*
par M. Louis Favre.

influences que devait subir le nouveau cabinet rendaient à l'ancien son vrai caractère, et, comme
pour ajouter le pathétique du drame à ces révolutions ministérielles, il y a je ne sais quoi d'émouvant dans la destinée de ceux qui avaient représenté
avec le plus d'autorité et d'éclat la politique vaincue,
— le duc de Richelieu et de Serre. L'éclipse définitive des hommes suit de près l'éclipse du système.

Avant que six mois fussent passés, le duc de
Richelieu avait le premier disparu de la scène qu'il
avait illustrée de sa probité. Au printemps de 1822,
on apprenait à la fois sa maladie et sa mort. Personnage européen par ses relations, par son crédit
auprès du Tsar, patriote de cœur, par instinct de
race, lié à l'ancienne monarchie par les traditions,
mais assez éclairé pour ne point partager les passions des « ultras », pour sentir le danger des réactions, âme simple et modeste avec les délicatesses
d'une généreuse fierté, le duc de Richelieu avait fait
de la droiture une politique. Il avait été le garant de la
France devant l'Europe pour la libération du territoire,
il croyait pouvoir être le garant de la vieille royauté
devant la France nouvelle ; c'était l'œuvre qu'il avait
poursuivie avec l'ardeur d'une nature sincère.

Il n'avait éprouvé aucun regret, aucune amertume en quittant une première fois le pouvoir. L'échec de son second ministère lui avait laissé, au contraire, une profonde blessure. Son honnêteté avait été offensée des intrigues de partis sans scrupules; sa raison restait émue des périls que courait la monarchie livrée aux jeux des factions. Le chagrin avait dévoré cette nature fière et sensible; c'était le mot de tout le monde à la nouvelle de cette mort prématurée qui éclatait comme un coup de foudre. Chez tous, il y avait cette impression qu'avec le duc de Richelieu disparaissait un des modérateurs possibles de la Restauration. On le sentait, et ce qui prouve combien tout était changé, lorsque le cardinal de Bausset relevait l'honneur de cette mémoire dans la Chambre des pairs en décrivant la tristesse des derniers jours du duc, le ministère était tout effarouché; il mettait le Roi en mouvement pour faire atténuer le discours du cardinal. L'éloge de M. de Richelieu semblait être un reproche pour la politique nouvelle! — Quant à de Serre, il s'éclipsait dans une ambassade avant de s'éclipser à son tour dans la mort.

L'ancien garde des sceaux, en quittant la chancellerie, avait d'abord hésité sur ce qu'il devait faire, et un instant, à ce qu'il semble, il aurait songé à reprendre sa place au barreau. Il s'était décidé pour l'ambassade de Naples, qui lui venait du Roi encore plus que du ministère. Il avait accepté avec dignité, sans déguiser ses sentiments, sans oublier ce qu'il y avait de délicat dans sa position, et au moment même où il acceptait, il avait tenu à montrer qu'il restait ce qu'il était en défendant la libérale institution du jury dans une discussion sur la presse. Retenu par la maladie, il avait fait lire le discours qu'il avait préparé, — et il en avait prévenu M. de Villèle.

L'ambassade de Naples acceptée dans ces conditions, c'était pour lui un moyen d'aller réparer ses forces perdues sous le climat du Midi, de s'éloigner momentanément des agitations intestines des partis; c'était aussi une occasion de s'initier à la politique extérieure de la France, et par une coïncidence curieuse, celui avec qui il avait, avant son départ, le premier entretien diplomatique sur les affaires italiennes, c'était Lamartine dont les *Méditations* avaient fait un secrétaire d'ambassade à Naples. « Je passai quelques heures mémorables pour moi dans l'intimité de M. de Serre, a dit Lamartine... J'étais fier d'entendre dans la confidence du coin du feu cette âme qui venait de remplir la tribune et l'Europe entière de sa voix... Il était brisé par la lutte... » Il était ainsi, souvent brisé et toujours prompt à se ranimer.

Ce n'est point cependant sans garder, lui aussi, sa blessure, ce n'est pas sans éprouver un serrement de cœur qu'il se voyait jeté dans une carrière nouvelle loin de la France. Il partait l'âme émue d'une tristesse indéfinissable qui ressemblait à un pressentiment, et en effet, dès ses premiers pas au delà des Alpes, à chaque étape de son voyage jusqu'à Rome, il était poursuivi par les messages de deuil. Il avait d'abord perdu son père. « J'ai fait tristement le voyage de Florence ici, écrivait-il de Rome à sa mère, pensant à mon pauvre père, à vous, à l'isolement où vous vous trouvez. J'ai bientôt reçu une autre nouvelle affligeante et bien inattendue : la mort de ce bon duc de Richelieu. Vous savez toutes les preuves d'attachement que j'ai reçues de lui. C'était une amitié que je croyais formée pour le reste de mes jours, et c'est une grande perte que je fais. C'est dans ces dispositions mélancoliques que je parcours les grandeurs de Rome païenne et chrétienne... » Peu après, à son arrivée à Naples, il perdait un enfant.

Tout se réunissait pour l'éprouver, pour lui rendre plus amers les premiers moments dans la retraite où il allait échouer, après avoir parcouru, selon le mot d'un de ses amis, « la même voie que Cicéron envoyé par des ingrats en exil ».

Qu'allait-il faire dans cette retraite aux bords du golfe de Naples, au milieu des plus riantes contrées de l'Europe? Il restait naturellement ce qu'il était, un homme d'élite dans la diplomatie comme au parlement, fait pour relever et honorer cette vie nouvelle par la vive intelligence des intérêts supérieurs du pays, par tous les goûts généreux de l'esprit, comme par la dignité simple et attachante du caractère. Sa diplomatie, il la mettait tout entière, au moins pour l'inspiration, dans ces mots qu'il écrivait à M. de Villèle après trois mois de séjour à Naples : « Les malheurs que la France a éprouvés ont trop longtemps neutralisé son influence ; à mesure que ces malheurs s'effacent, cette influence doit renaître : elle fait partie de l'honneur de la couronne, elle est l'un des besoins d'une nation forte et accoutumée à agir sur les autres, enfin et surtout elle est un besoin pressant de l'Italie... » Il n'avait pas tardé à faire sentir dans ses dépêches le politique supérieur, le « ministre passé et peut-être même futur ».

Le danger pour lui était l'inaction dans une petite cour d'Italie.

VIII

L'exil avait sans doute ses compensations et ses épisodes. De Serre, comme ambassadeur à Naples, était bientôt appelé au congrès de Vérone, où il se rencontrait avec les souverains, les chanceliers, les premiers diplomates de l'Europe, avec le ministre des affaires étrangères de France, M. de Montmorency et M. de Chateaubriand, qui allait prendre la place de M. de Montmorency.

Il s'intéressait à tout ce mouvement d'une grande réunion européenne. « Les premiers jours ici sont fort pris par les visites, présentations, écrivait-il à sa mère. C'est un monde brillant à en être ébloui ; avec tout cela on prétend qu'on s'ennuie…Ce dont je profite, c'est de l'instruction qu'offre la conversation de tant d'hommes plus ou moins distingués de toutes les nations, c'est du plaisir de démêler, au milieu de cette confusion apparente de volontés diverses, la marche réelle de la politique ; plaisir d'esprit qui d'ailleurs, comme vous le pensez bien, n'est pas sans mélange… »

Bien qu'il ne figurât pas au premier rang et qu'il fût même d'abord un peu négligé pour ses idées libérales, de Serre se faisait promptement écouter et considérer; il avait la faveur des souverains et des diplomates. « Nous allâmes voir M. de Serre, quoique nous eussions été dans des rangs opposés, a écrit Chateaubriand. Nous trouvâmes un homme au-dessus de l'idée que nous nous en étions faite; nous nous liâmes avec lui... » De Serre, de son côté, ne résistait pas aux séductions du génie; il se prenait d'un vif attrait pour Chateaubriand, qu'il allait avoir pour chef. Je ne sais pas si, réunis ensemble au pouvoir, ils auraient été longtemps d'accord ; ils s'entendaient du moins en ce moment sur ce qui pouvait servir la grandeur nationale, sur quelques-unes des conditions de l'influence française, et même sur certaines nécessités de libéralisme dans la politique extérieure. Le congrès de Vérone était assurément utile à de Serre : il lui avait offert l'occasion de se lier avec Chateaubriand, de voir de près les ressorts de la politique européenne, les principaux personnages du temps; mais le congrès de Vérone n'était pour lui qu'une diversion après laquelle il retombait dans son ambassade inoccupée, dans cette vie napolitaine où il n'avait que la ressource de quelques relations de choix, de l'étude, des excursions à Ischia ou au Mont-Cassin.

Au milieu de cette existence nouvelle, dès son arrivée en Italie, de Serre avait rencontré un homme avec qui il avait formé une amitié sérieuse et durable : c'était l'historien de Rome, l'érudit allemand Niebuhr, qui représentait alors la Prusse auprès du saint-siége. De Serre avait trouvé dans le savant prussien un guide empressé, heureux de le conduire à travers les ruines romaines, de lui expliquer les Gracques, Marius et Sylla, les mœurs, la religion, la constitution de Rome. Quelques jours passés ensemble, en promenades communes, en éloquents entretiens, avaient suffi pour nouer entre ces deux hommes une liaison qu'une correspondance suivie fortifiait et à laquelle un voyage de Niebuhr à Naples donnait bientôt le caractère d'une grave intimité. Niebuhr avait un peu d'emphase, il appelait ses enfants Cornélie et Marcus ; c'était au fond une tête de savant et un cœur plein d'ingénuité. Il avait pour de Serre un vrai fanatisme. « J'ai passé avec lui des jours pleins d'enseignement, des jours inoubliables, écrivait-il à une amie d'Allemagne... C'est un des hommes les plus rares et les plus nobles que j'aie jamais rencontrés. Nous nous sommes expliqués réciproquement et avec franchise sur tout ce qui préoccupe l'esprit humain, sur le passé et le présent, sur l'Allemagne et la France ; la nationalité ne nous sépare point... Il convient à une cour autant que moi, si ce n'est qu'il se prête à toute chose avec plus d'enjouement... Sa famille doit être, grâce à lui, la plus heureuse du monde : une femme vive et sensée qui admire son mari, qui est fière de lui et en est fort aimée ; des enfants qui sont l'objet de leur amour le plus tendre. Tous ceux qui sont de l'ambassade font partie de la famille... » Niebuhr ne laissait échapper aucune occasion d'écrire à de Serre de longues lettres où il mêlait les témoignages d'un dévouement passionné aux dissertations substantielles sur les campagnes d'Annibal ou sur la politique de l'Angleterre. De Serre, à son tour, entrait tout aussi vivement dans cette intimité. Il se sentait sincèrement attaché à Niebuhr, il lui savait gré de son affectueuse estime, de ces longues lettres qui, disait-il, éveillaient ses idées et le forçaient à penser.

La confiance entre les deux amis était complète. De Serre se plaisait à ces relations précieuses, et son imagination active cherchait au besoin un intérêt d'un autre genre dans les distractions des arts.

Il n'habitait pas l'Italie au nom du roi de France
pour rester insensible aux belles peintures. Il aimait
les tableaux, il les recherchait ; il se faisait aider souvent par Niebuhr dans ses acquisitions, et un instant même, en voyant arriver aux affaires étrangères
Chateaubriand, le patron naturel de tous les arts, il
avait eu l'idée de négocier pour la France l'achat
de la galerie du cardinal Fesch ; les prétentions du
cardinal et les dépenses de la guerre d'Espagne
découragèrent sa diplomatie. Il s'en tint à acheter
pour lui quelque Pinturrichio, quelque belle copie
de Léonard ; il mettait son plaisir à avoir sa petite
galerie à l'ambassade. Il s'intéressait à la peinture
comme il s'intéressait à la littérature italienne ; il
achetait des livres comme il achetait des tableaux.
Il se sentait attiré par toutes les œuvres du génie
humain, il en jouissait en homme de goût. C'était
une manière d'animer sa vie ; mais ni les séductions
des arts, ni même l'amitié de Niebuhr, ni la diversion momentanée du congrès de Vérone ne suffisaient pour l'occuper, pour le fixer sur ce coin de
terre italienne où la fortune le laissait. L'exil dans
une ambassade auprès de Sorrente et d'Ischia,
avec les plaisirs de l'imagination, la ressource des
amitiés précieuses et les honneurs de cour, avait

son charme : c'était toujours l'exil pour lui, et rien ne pouvait le détourner du seul point fait pour attirer sa pensée. Au fond, il n'avait qu'une préoccupation, celle de la France, de ce qui se passait à Paris, des occasions qui pouvaient lui rouvrir la carrière.

XI

C'était l'objet incessant de la correspondance suivie dès le premier jour entre de Serre s'acheminant en Italie et ceux de ses amis qui le regrettaient, qui sentaient vivement son absence. Le plus invariable, le plus fidèle de ses amis, Froc de La Boulaye, avait repris plus que jamais son rôle de correspondant dévoué et toujours empressé, quoique un peu découragé. Il tenait les exilés de Naples au courant de tout ce qui pouvait les intéresser ; il avait eu de la peine à revenir de ce fameux « 14 décembre 1821 » qu'il renvoyait durement à l'histoire. La crise où avait disparu le ministère Richelieu l'avait dégoûté ; le départ des de Serre avait été un chagrin pour lui. « Je suis, écrivait-il, dans la situation où l'on se trouve après un feu d'artifice et lorsque l'obscurité profonde succède aux clartés qui embrassaient le ciel... A présent, Paris m'est insupportable, et je vous le demande, n'en êtes-vous pas la principale cause ? Après vous, que m'y reste-t-il ? que voulez-vous que j'y fasse ? J'ai horreur des salons, des courbettes, de toutes ces figures sans cesse tournées vers les puissants... »

Le pauvre Froc de La Boulaye était souvent fort partagé en tenant à rester toujours sincère. Il ne voulait pas laisser ignorer à de Serre les sentiments qui ne cessaient de se tourner vers lui, et il ne voulait pas non plus le tromper sur une situation qui ne laissait prévoir aucun changement prochain. Tantôt il écrivait à son ami : « J'ai eu des visites... il a été question de vous, on ne s'accoutume pas à votre absence, on vous regarde comme une balle lancée sur Naples et qui doit rebondir... » Tantôt, comme s'il craignait d'en avoir trop dit et d'avoir excité des espérances prématurées, il reprenait : « On me parle de vous, mais il ne faut pas se faire illusion, on ne s'occupe ici que de ce qu'on a sous les yeux. Il n'est pas plus question de vos anciens collègues que du dernier ministère de Louis XV, et l'on n'y parle pas plus de Decazes que du duc d'Aiguillon. Vous faites exception parce que les débats des Chambres vous rappellent aux esprits dans les moments difficiles. On entend bien parler de vous, on répond sur le même ton, et de la même haleine on loue tout ce qui fait du bruit. Les délicats sont rares encore!... Vous voyez où le flot nous porte : bien des gens trouvent que l'on ne va pas assez vite... »

Le flot portait de plus en plus aux exagérations de la droite : le sincère Froc de La Boulaye ne s'y trompait pas, et il ne le déguisait pas. Il y avait des moments où il redoutait de voir de Serre quitter sa paisible ambassade de Naples pour rentrer dans cette arène de passions meurtrières; il y avait aussi des moments où il ne pouvait se défendre d'une certaine amertume en présence des excès de la droite, où il rêvait pour son ami je ne sais quel rôle de chef d'une opposition royaliste, constitutionnelle, tenant tête aux ultras. « Vous êtes triste, écrivait-il alors. Je le conçois; de mon côté, je suis profondément affligé : nous sommes jetés dans de funestes voies. Tous les ministres qui se sont succédé depuis la seconde Restauration ont pu commettre des fautes; mais que de biens n'ont-ils pas fait! Libération du territoire, réhabilitation de nos finances, développement du commerce, de l'industrie, respect pour les lois, sécurité pour les personnes : tout a prospéré! tout a réussi!... Qu'a-t-on fait depuis quinze mois? Les esprits sont plus divisés que jamais, et nous allons commencer tardivement une guerre, — la guerre d'Espagne, — contre laquelle l'instinct national se révolte. »

L'acte d'accusation contre le ministère Villèle et son existence de quinze mois étaient complets. De Serre, en écoutant tout, en suivant de loin la marche des choses en France, ne se laissait pas emporter à des éclats d'opposition peu conformes à son caractère et à sa situation. Il éprouvait seulement l'impatience inquiète du combattant retenu loin de l'action; il ressentait pour lui-même ce qu'il disait au sujet du maréchal Davout qui venait de mourir : « Le repos tue ces hommes qui ont eu une activité extraordinaire. » Il ne s'était jamais considéré comme banni de la vie parlementaire par la dignité diplomatique qu'il avait acceptée; il n'avait point renoncé à reparaître dans les Chambres, et il y renonçait moins que jamais.

La parole avait été sa puissance, elle restait la garantie de son rôle public, de son avenir, de sa position personnelle. Au début de son ambassade, à la fin de 1822, il avait pris assez patiemment les difficultés de cens qui avaient empêché sa réélection : il acceptait encore un éloignement qui pouvait paraître nécessaire, qui avait ses avantages. A mesure que le temps passait et que les circonstances semblaient s'aggraver, il retrouvait son ardeur ; tout réveillait en lui le désir de reprendre son rang.

De Serre, après avoir été peu favorable à la guerre d'Espagne, n'était point insensible à la force morale, au prestige qu'une manifestation de puissance militaire donnait à la France de la Restauration ; il craignait maintenant que le succès politique n'égalât pas le succès militaire, que les excès d'absolutisme au delà des Pyrénées ne vinssent compromettre tous les fruits d'une action heureuse. D'un autre côté, il voyait dans la prépondérance croissante, irrésistible, des « ultras » une menace incessante de troubles intérieurs, peut-être de révolutions nouvelles, un danger pour le pays et pour le gouvernement. Ce que Froc de La Boulaye lui disait, il se le disait lui-même ; il l'écrivait à Niebuhr partant en ce moment pour l'Allemagne : « Vous me faites un triste tableau de la situation dans laquelle vous comptez retrouver votre patrie. Hélas! c'est absolument la situation de la mienne. Dans le flux et reflux des opinions et des passions, qui veut demeurer fidèle à la vérité et à sa propre raison finit par demeurer seul en butte à toutes les animadversions. L'idée qu'elles s'apprivoiseraient en mon absence, que je ne retrouverais à mon retour que le souvenir du peu de bien que j'ai fait ou voulu faire est une de celles qui ont déterminé mon expatriation. Cet état de malaise général est-il une préparation indispensable à des temps meilleurs? Dieu le veuille! j'aime à l'espérer... »

Avec ce sentiment énergique et élevé des choses, de Serre n'avait plus hésité. Aux derniers mois de 1823, aux approches des élections nouvelles, il avait fait appel à ses amis de Metz; il avait avoué sans détour l'intention de rentrer dans la lutte, et c'est là justement qu'éclatait l'inévitable choc d'opinions, de sentiments, — l'incompatibilité entre l'ancien garde des sceaux et le ministère qui représentait les passions de la droite.

X

Cette affaire de la candidature de de Serre devenait tout un drame inaperçu, entrecoupé de négociations et de péripéties intimes. De Serre, quant à lui, avait évité toute apparence d'hostilité contre le ministère, dont il aurait pu après tout être la défense vis-à-vis des « ultras ». Il se présentait avec ses opinions, avec son passé, avec l'autorité de son éloquence. Il avait parlé de ses intentions à son ministre, à Chateaubriand, avec qui il avait de plus en plus des relations de confiance. Il écrivait souvent au brillant et inconstant ministre, et Chateaubriand lui envoyait quelquefois de ces lettres de sublime ennuyé qu'il aimait à prodiguer : « Ce serait de grand cœur, lui disait-il, que je changerais avec vous de position. Je vous laisserais les spectacles de la cour, et j'irais revoir les barques de pêcheurs que vous avez sous les yeux. Au cas qu'un succès d'affaires vienne augmenter la déplaisance que l'on a naturellement de moi, et que l'on me renvoie, j'irais vous chercher sur votre beau rivage ; je cours après le soleil et la retraite comme la chatte devenue femme courait après les souris. Ce sont là mes misères, Monsieur ; je vous les confie, cachez-les bien. C'est mon *secret diplomatique...* » Chateaubriand, en homme supérieur, n'avait vraiment que des sympathies et de bonnes paroles pour la candidature de de Serre ; mais Chateaubriand, déjà menacé lui-même, ne comptait pas dans les élections. La difficulté était chez M. de Villèle, chez le ministre de l'intérieur, M. Corbière, qui ne voulaient ni l'un ni l'autre entendre parler du retour de de Serre.

M. de Villèle, livré à sa propre inspiration, n'eût peut-être point résisté ; mais il voulait ménager la droite, dont il craignait d'exciter les ombrages et de réveiller les rancunes. Il n'était point un ennemi pour de Serre, mais il l'aimait mieux à Naples qu'à Paris. A ceux qui venaient l'interroger sur les intentions du gouvernement à l'égard du généreux absent, il répondait sans hésitation que de Serre faisait une faute, qu'il ne pourrait rester à la fois ambassadeur et député, qu'il serait un embarras pour lui-même et pour les autres. « Il est dans l'erreur, disait-il, sur la véritable situation. Il nous croit beaucoup plus près d'être débordés par les royalistes fous que nous ne le sommes, et pour les combattre il n'est pas en aussi bonne position que nous. » Bref, le conflit éclatait dans toute sa vivacité.

Le plus embarrassé dans ces pénibles négociations était un personnage influent à la Chambre et en Lorraine, désigné par le Roi pour présider le grand collége de Metz : c'était M. de Wendel, qui se trouvait dans la situation la plus délicate entre sa partialité pour le ministère et une vieille intimité avec l'ambassadeur candidat. M. de Wendel, avec la bonne intention de tout concilier, n'arrivait peut-être qu'à tout compliquer. Il avait fait tout ce qu'il avait pu pour dissuader de Serre de se présenter. Il avait parlé à ses intérêts, à ses sentiments, même un peu à son amour-propre; il était allé jusqu'à lui écrire : « Je ne vois qu'une chose utile pour vous dans une élection, c'est la certitude de rester où vous êtes, et je pense que vous aurez cette certitude même sans être nommé... Quant à rentrer au ministère, je ne le désire pas dans votre propre intérêt. J'ai vu la vie que vous meniez, et j'ai souvent trouvé qu'elle était affreuse. Vous n'aviez sans doute d'autre désir que de rendre votre pays heureux, et cependant ceux qui remplissaient vos salons ont été les premiers à vous dénigrer... M. de

Richelieu était sans doute le plus honnête homme de France, celui peut-être qui a rendu le plus grand des services : j'ai *vu* plaisanter ceux qui se plaisent à rappeler son souvenir. Je n'ai plus trouvé rien à envier dans la position des ministres, et je crois que vous devez être beaucoup plus heureux qu'eux. » M. de Wendel avait cherché vainement à détourner de Serre, il n'avait pas réussi à l'ébranler. Il avait essayé, d'un autre côté, de ramener M. de Villèle à des dispositions plus conciliantes, de lui faire sentir qu'il était intéressé à décorer son parti d'un tel candidat : il avait encore moins réussi. M. de Wendel avait cru alors se tirer d'embarras en se réfugiant dans une neutralité plus nuisible qu'utile à celui qu'il ne voulait ni abandonner ni favoriser contre le gouvernement : de sorte que de Serre, sans le vouloir, se trouvait être un candidat d'opposition désavoué, combattu par le ministère avec l'énergie la plus imprévue.

Le fait est que dans les deux colléges de Briey et de Metz, où de Serre se représentait, l'administration organisait contre lui une campagne à outrance. Tout était mis en œuvre, pressions, intimidations, menaces de toute sorte. On réunissait d'avance les fonctionnaires, et on leur imposait un serment. On ne permettait pas même au baron d'Huart de dire dans un journal que son beau-frère n'avait pas perdu l'éligibilité. M. de Wendel, malgré sa réserve silencieuse, ne pouvait s'empêcher d'écrire à de Serre, qui s'étonnait de tout ce qu'on faisait contre lui : « Vous raisonnez comme si le ministère n'avait pas mis depuis longtemps un grand intérêt à vous éloigner... Le garde des sceaux actuel a gourmandé tous les juges, et M. de X., que vous avez placé, a écrit plus de cinquante lettres dans ce sens. L'autorité locale regarderait la nomination de Manuel comme un moindre échec que la vôtre : voilà la vérité ! Cela est abominable, mais cela est. » Chose curieuse, de Serre se trouvait ramené au point où il ralliait de nouveau les voix libérales, où les « ultras » le représentaient comme un « jacobin », où des amis, des clients n'osaient voter pour lui sous l'œil d'une administration ennemie. Et voilà comment on traitait un homme qui avait sacrifié sa popularité dans l'intérêt des royalistes, qui était encore ambassadeur du Roi !

On avait prodigué les excès de gouvernement, on avait poussé les efforts « jusqu'à la virulence et à l'indécence », selon le mot du président de Chevers, et malgré tout il n'avait manqué à de Serre

que quatre voix pour atteindre la majorité au scrutin. Cette différence de quatre voix suffisait pour
envoyer au parlement un concurrent inconnu qui
n'a pas même laissé un vestige dans l'histoire.

XI

Quand le résultat des élections fut connu à Naples,
de Serre en fut vivement impressionné; il ne s'y
attendait pas, il croyait encore au succès. « J'étais
alors à Naples, a dit M. Duvergier de Hauranne, et
au moment où le courrier arrivait, j'appris tout à
la fois de la bouche de M. de Serre lui-même l'échec
de mon père et le sien. Je vois encore l'expression
de sa figure, et j'entends l'accent de sa voix quand
il m'annonça le coup imprévu qui le frappait. » Il
voyait en effet la carrière se refermer devant lui, et
il se sentait rejeté indéfiniment dans un exil mortel;
il était surtout blessé de l'hostilité violente d'un
gouvernement qu'il avait servi avec éclat et dont il
restait l'honneur.

Il se contint néanmoins, et ce n'est qu'après

quelques semaines qu'il répondait à une lettre de
M. de Villèle avec un certain calme où perçait la
fierté : « Vous me dites que vous n'avez pas compris mon désir d'être député. Je vous assure que, si
je ne l'eusse pas manifesté, nombre de personnes,
et des meilleurs serviteurs du Roi, m'auraient taxé
d'une indifférence qu'ils auraient peut-être nommée
plus sévèrement. Je n'étais pas préparé à votre
opposition ; à peine maintenant je la comprends
encore. Elle a fait toute la difficulté de ma situation. Je me suis demandé quel était le devoir ; j'ai
tâché de le faire, et ainsi l'on attend tranquillement
l'avenir ! » Il restait volontairement mesuré et froid.

A Chateaubriand, il écrivait avec une vivacité
plus libre et plus confiante, comme un homme qui
comptait sur quelque occasion nouvelle. A son
beau-frère, M. Emmanuel d'Huart, qui l'avait servi
de tout son dévouement, il disait : « Je vous console
du non-succès. Mieux vaudrait sans doute avoir
réussi ; mais c'est quelque chose d'avoir combattu, d'avoir prouvé qu'on avait du courage et des
forces... » A Niebuhr, qui l'avait interrogé, il racontait toute cette histoire d'un cœur un peu ulcéré,
en ajoutant : « A tout prendre, je ne suis pas, quant
à moi, mécontent de la manière dont les choses se

sont passées : ma force morale reste entière, ma
considération en France s'est accrue plutôt que
diminuée... D'autre part je suis attristé d'avoir vu
tant de personnes, en cette occasion, renier la conscience, le sang, la reconnaissance et l'amitié ; je le
suis des présages qui doivent saisir tout homme de
bien lorsque l'immoralité est érigée en devoir et en
trophée. Je suis ici complétement isolé, et cela est
plus pénible quand on souffre de son inaction. »
C'est toujours le cri qui jaillit du cœur impatient !

Le ministère triomphait de celui qu'il avait traité
en ennemi et qu'il redoutait. M. de Villèle, esprit plus
pratique et plus fin que supérieur, n'aimait pas les
hommes brillants autour de lui. Il venait de consi-
gner le premier des orateurs au seuil du parlement ;
avant trois mois, — on était au printemps de 1824,
— il allait congédier Chateaubriand ; mais Chateaubriand, en sortant du ministère avec une inextin-
guible passion de vengeance, devait vivre assez pour
la satisfaire, et au moment où de Serre se sentait
frappé dans ses espérances politiques, il n'avait plus
que quelques semaines de vie ; il arrivait au terme
où la flamme épuisée avant l'heure allait s'éteindre !

Depuis longtemps, sans doute, il ne vivait plus
qu'à travers des crises de santé toujours renaissantes

qui, en l'ébranlant, lui laissaient la vigueur de l'esprit, la puissance de la parole et la grâce du caractère. Il ne se soutenait que par la volonté et le courage, par la séve d'une nature énergique au milieu de ces luttes où il payait chaque effort de souffrances nouvelles. Son organisation semblait atteinte d'un mal qui se déplaçait et se ravivait sans cesse, qui l'avait plus d'une fois condamné au repos en France et l'avait suivi en Italie. Le mal, qui avait d'abord paru menacer la poitrine, s'était compliqué à Naples d'une affection au foie que les dernières émotions des élections avaient enflammée et qu'un accident de voiture dans une excursion de famille au Mont-Cassin aggravait rapidement.

La santé de de Serre déclinait d'heure en heure. A la fin de juin, on se hâtait de le transporter à Castellamare, où le Roi lui avait offert l'hospitalité. Par instants encore il avait quelques illusions sur son état, et il cherchait quelques distractions. Il écoutait des lectures, il se faisait jouer par son jeune secrétaire des airs de *Mosé* et de la *Sémiramide* qu'il aimait; il prenait plaisir à respirer sur la terrasse de Castellamare l'air de la mer ou à entendre les rossignols qui peuplaient les jardins. Ce n'étaient que des trêves; les crises se pressaient; il ne pouvait plus tracer qu'avec peine, d'une main défaillante, quelques mots touchants pour madame de Serre, malade elle aussi et retenue d'abord à Naples. Il y parlait des enfants qui l'avaient suivi, et de l'un d'eux il disait : « C'est l'être qui me fait sourire. » — « On m'a mis en belle maison, bon air et grand repos, écrivait-il à sa femme; que Dieu serait bon de nous y réunir tous bien portants! — Espérons, assure-moi bien que tu as du courage : cela m'en donne! — On me prend tout assoupi; je n'ai d'esprit que pour te remercier de ta lettre tout angélique. » Il était déjà perdu. Après quelques jours de souffrances cruelles, après quelques heures d'une agonie supportée avec une douceur virile, il s'éteignait, le 21 juillet, entouré des siens, du prêtre et d'un petit nombre d'amis. Il s'éteignait loin de la France, dans une sorte d'obscurité.

Ce qu'il y a d'étrange, en effet, c'est qu'en France, à Paris, comme si l'esprit de parti avait voulu prolonger le silence et l'exil pour de Serre, on évitait tout bruit autour de cette mort. Les journaux royalistes l'enregistraient à peine d'un mot banal. Ceux qui la sentaient le plus vivement étaient d'anciens amis. « Oui, écrivait Royer-Collard à M. de Barante, la nouvelle de Naples m'a tristement occupé! Je savais bien qu'elle vous ferait la même impression.

Hélas! il n'y a que nous qui ayons été frappés de cette mort; ce monde ne l'a pas remarquée! Sans ignorer, sans me demander combien il était dangereux, je me plaisais à le replacer dans quelque combinaison où il aurait repris un bon rôle... Depuis que nous nous sommes séparés, il n'a pas cessé de me manquer, il me manquera toujours! » Niebuhr, de son côté, écrivait : « Notre siècle n'a pas vu de génie plus beau et plus vigoureux. J'ai l'intention d'écrire sa vie si sa famille peut me fournir des données sur plusieurs époques. Sa vie est l'histoire de la France depuis 1814... »

XII

Celui que la mort surprenait ainsi dans la vigueur de l'âge, loin de la France, a été du moins une des plus originales et des plus saisissantes figures de cette histoire. Il emportait, en disparaissant deux ans après le duc de Richelieu, la force et l'éclat d'une politique avec laquelle la Restauration aurait dû vivre. De Serre, à un moment décisif de sa carrière, a pu apparaître comme un athlète fiévreux et agité, qui a l'air de changer de camp, qui semble se contredire, parce qu'il se porte tour à tour sur les points qu'il croit le plus menacés, et qui dans ses variations apparentes subit les récriminations, les attaques les plus contraires. En réalité, il ne change pas, il ne se contredit pas; il ne cesse pas d'être un royaliste fidèle même dans ses actes les plus libéraux, il ne cesse pas d'être un libéral sincère, même lorsqu'il court à la défense de la monarchie menacée.

Il est le héros de la politique modérée. Il est le représentant généreux d'une idée toujours vraie; c'est qu'il n'y a de fondation publique possible et durable que par les influences modératrices, par l'action de ces groupes qui dans tous les temps s'appellent les centres. — C'est une politique qui n'a jamais réussi, dira-t-on : toutes les fois qu'elle a été essayée, elle a échoué. Elle n'est qu'un expédient de transaction et de tactique fatalement impuissant; il n'y a de vrai que la « division en deux camps tranchés ». Tout ce qui est « entre les deux camps est exposé au feu croisé et doit faire retraite après une honorable défense ». C'est possible, c'est ce qu'on disait déjà de son temps à de Serre; c'est le mot d'ordre invariable de ceux qui, selon les époques, veulent la domination des royalistes sous la monarchie ou la domination des républicains sous la république, et qui dans les deux cas, en se croyant de grands logiciens, ne sont que des politiques de partis exclusifs. Sur quoi se fondent donc ces théoriciens des « deux camps tranchés » ou des dominations exclusives pour se montrer si dédaigneux à l'égard des modérés? A quoi ont-ils jamais réussi eux-mêmes, lorsqu'ils ont cru toucher à la réalisation de leur rêve, lorsqu'ils ont été les maîtres? Ils ont eu parfois le pouvoir, ils l'ont toujours perdu et ils le perdront toujours, précisément parce qu'ils sont exclusifs, parce qu'ils ne représentent qu'un intérêt ou une passion de parti. Ils ne fondent rien, ils ne laissent après eux que le souvenir de victoires excessives, stériles et éphémères.

La politique modérée a eu ses échecs; mais ce qu'il y a de curieux, c'est que même en échouant dans ses combinaisons de parlement ou de ministère, elle n'a guère cessé de s'imposer, de régner par l'esprit, et c'est d'elle encore après tout que vient ce qu'il y a eu de meilleur dans ce siècle. C'est elle qui a été l'inspiratrice des plus belles œuvres, qui a donné à la France les plus longues et les plus heureuses périodes de paix, qui compte la plus glorieuse tradition d'hommes éminents depuis le duc de Richelieu jusqu'à M. Thiers, — car M. Thiers était avant tout un modéré. Dans cette tradition nationale et libérale, de Serre, lui aussi, et plus que tout autre, est un ancêtre par la raison courageuse comme par l'incomparable puissance de la parole, à cette aurore de la restauration où tout se renouvelait, la politique et la poésie, l'histoire et l'éloquence.

FIN

TABLE

PARIS. — TYPOGRAPHIE DE E. PLON ET Cie, 8, RUE GARANCIÈRE.